平凡社新書
1053

2025年大学入試大改革

求められる「学力」をどう身につけるか

清水克彦
SHIMIZU KATSUHIKO

HEIBONSHA

2025年大学入試大改革●目次

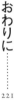

はじめに

二〇二五年以降にやってくる「黒船」

「考える力とか表現する力をつけてくれそうな学校なので、ここを選びました」

「今後、大学入試の形態が変わるので、大学の付属校が安心かなと判断しました」

これは、二〇二四年二月、首都圏の私立中高一貫校の受験会場で聞かれた受験生の保護者たちの声である。

実際、二〇二五年一月に実施される大学入学共通テスト（以降、共通テストとも表記）から、試験内容が大きく様変わりする。

その変化は、高校生の子どもを持つ保護者だけでなく、中学受験に臨む子どもや中学受験を検討している保護者の心理にも大きな影響を与えている。

大学入試の形態が変わると大騒ぎになったのは、二〇二〇年度の入試からだ。

二〇二一年一月に行われた大学入学共通テストは、従来の大学入試センター試験を衣替えしたものとなった。

ただ、当初、文部科学省が大学入試改革の目玉として打ち出した民間の英語検定試験の活用は、試験会場が近く受検機会も多い大都市圏の子どもや、経済的に恵まれた家庭の子どものほうが有利になるとの判断から見送られた。

もう一つの目玉であった記述式問題の導入も、短期間で大量の答案を正確に採点するめどが立たないといった理由から取り止めとなった。

つまり、国公立大学をはじめ多くの私立大学、それに公立や私立の短期大学など合わせて八六〇校以上が参加する大規模な共通テストは、名称が変わったことと、これまでに比べ、難易度がやや高くなり、試験時間や配点などが一部変更されただけのマイナーチェンジに過ぎないものとなった。

ところが、共通テストに衣替えして五年目となる二〇二五年以降はそうはいかない。

二〇二五年以降の共通テストは、民間の英語検定試験の活用や本格的な記述式問題の導入こそないものの、二〇二二年四月、高校一年生から新学習指導要領が適用されたのを受けて、大掛かりな変更がある。

新たな科目を加え、それまでの六教科三〇科目から七教科二一科目へと再編されるのだ。

すでに詳細は、高校や予備校などで幾度となく耳にしていると思うが、概要を整理しておこう。

◇二〇二五年一月実施の共通テストで変わること
○新教科である「情報Ⅰ」が加わる
データを用いて科学的および社会に有益な知見を引き出そうとする「データサイエンス」の重要性が叫ばれる時代。情報セキュリティや情報モラル、プログラミングやデータを活用しての分析に関する出題がある見込み
○「数学」に「数学C」（ベクトル、平面上の曲線と複素数平面）が復活する
数学①では「数学Ⅰ・数学A」、「数学Ⅰ」から一科目選択、数学②では、「数学Ⅱ・数学B・数学C」の各二項目の中から三項目を選択することになる
○「地理歴史・公民」の科目が再編される
「歴史総合、世界史探究」「歴史総合、日本史探究」「地理総合、地理探究」の地歴三科目と、「公共、倫理」「公共、政治・経済」の公民二科目に加え、新たに必修科目となる「地理総合、歴史総合、公共」を加えた六科目から最大二科目を、分野がかぶらないように選択する

これらの変化からは、文部科学省の狙いを読み取ることができる。

国内外には一つの学問領域では解決できない問題があふれ、ＡＩ（人工知能）の活用が社会に大きな変化をもたらす中、これまで共通テストで導入できなかった「思考力・判断力・表現力」を問う試験を、たとえマークシート方式であっても断行しようとしているのだ。

特に怖がる必要はないが、「これまでとあまり変わらない」と安心もできない。

二〇二〇年度入試の際、受験界では「黒船来航」という言葉が聞かれたが、本当の「黒船」は二〇二五年以降にやってくると言っていいだろう。

国公立大学の二次試験や私立大学入試にも変化が生じる

変化は共通テストだけに留まらない。

国公立大学では、個別に実施する二次試験で、記述式問題によって受験生の「思考力」や「表現力」を測る問題に比重を置く大学が多くなっている。

私立大学でも、入試で小論文を課す大学や出願時に民間英語検定試験のスコア提出を求め、合否に反映させる大学が増加している。

ほかにも、二〇二五年から一部の学部の入試で共通テストと個別試験を組み合わせると発表する大学など、新たな形態でこれからの時代に不可欠となる学力を測ろうとする大学が相次いでいる。

筆者は、在京ラジオ局で報道畑を歩き、国内外の変化を取材し、入試制度との因果関係も研究してきたが、二〇二五年以降の大学入試は、文系理系を問わず、共通テストも大学ごとの個別入試も、

「論理的思考と表現力」
「英語四技能（読む、書く、聞く、話す）」
「データサイエンスを学ぶうえで必要となる基礎能力」

の三つの学力を問うものになっていくと断言していい。

さらに、出願にあたって提出する調査書にも変化が生じる。

調査書では、二〇二五年以降、高校の担任教諭が記入する生徒の活動の欄が簡素化され、受験生が自分で作成する「特に優れた学習成果」に何を書くかが、これまで以上に重視されることになりそうだ。

そうなれば、高校時代に何らかの体験を重ね、それを自分の頭でまとめ表現できる受験生がチャンスをものにしやすい入試になる。

同時に、大学に入学するルートも、これまで以上にバリエーションが豊かになっていくと予想する。

深刻な少子化で、少しでも早く一定の学生数を確保したい大学側は、従来型の一般入試や指定校推薦入試に加え、学校推薦型入試や総合型選抜入試（旧AO入試）での入学枠を増やしている。この傾向は、大学経営を維持していくためにさらに強まり、一般入試以外での合否判定が当たり前の時代になっていくだろう。

つまり、入試そのものが激変するだけでなく、子どもを大学に入れるルートも変化するということだ。

「共通テストで高得点を取らせ、一般入試で少しでも上位の大学、それも可能であれば国公立大学へ」

特に地方にお住まいの方で、子どもが地域の進学校に通っている保護者はこのように考えがちだ。しかし、保護者の世代の常識は非常識になりつつある。

本書は、高校生の子どもをお持ちの保護者の皆さんはもちろん、数年後に大学入試を迎える中学生の子どもをお持ちの保護者の皆さんにも向けて書き下ろしたものだ。

本書が、変わる大学入試や制度をうまく活用し、子どもを伸ばしていくヒントになればうれしく思う。

第一章

大学入試改革で問われる学力

「赤い風船」が投げかけること

二〇一五年一月、私立大学の医学部では最難関に挙げられる順天堂大学医学部の入試で、「えっ」と思う問題が出題されたことがある。

「キングス・クロス駅の写真です。あなたの感じるところを八〇〇字以内で述べなさい」

次頁の写真（出典：小林公夫「コートの男」で小論文…何を書けば受かる？ イマドキの医学部入試で求められる資質とは「東洋経済オンライン」二〇一五年四月一六日）を見ていただきたい。イギリス・ロンドンにあるターミナル駅の一つ、キングス・クロス駅。薄暗い構内を、下を向きながら階段を上る長いコートを着た男性の後ろ姿がある。そして、階段の下には色鮮やかな「赤い風船」が二個、手すりに糸で結びつけられ浮かんでいる。

同大学の医学部は、以前から写真を見せ、八〇〇字以内で論述させる問題を出題し、大学受験関係者の間で話題となってきたが、「赤い風船」の問題も、一枚の写真を材料に論述させることで、大学側が、医師に必要な鋭い観察眼と推察力を測る狙いがあったものと受け止めている。

加えて言えば、この問題の正解は一つではないという点も重要なポイントになる。後ろ姿の男性が今どこに向かおうとしているのか、その目的が何なのか、そして、二つの「赤い風船」は何を意味しているのか、自由に解釈することができる。男性を入院前の患者ととらえることもできれば、人生の終盤を迎えようとしている後期高齢者と考えることもできる。

2015年度の順天堂大学医学部の論述試験で出題された写真

二つの「赤い風船」は、患者を見つめる医師や看護師と見立てたり、高齢者を支える社会福祉制度の象徴と位置づけたりすることも可能だ。

そこには、何が正解で何が間違いかの明確な線引きはない。

ただ、医学部の入試であることを考えれば、医学を学び、やがて人命を預かる仕事に就くにふさわしい視点で論述することが求められる良問と言えるだろう。

二〇二三年度入試で、熊本大学医学部の面接試験で出された問題はさらにユニークだ。

「あなたにはずっと想い続けているA君がいます。自分以外は誰もその事を知りません。ある日、友人からA君のことが好きだから応援してほしいと言われました。あなたはどうしますか?」

これは、患者に深刻な病状や医療ミスの事実といった、言いにくい話をしなければならない場面でどう対処するかを測る問題、と考えることができる。

同様の問題は、二〇一四年度、愛知医科大学でも出題されているが、正解が一つではないだけに、個々の受験生の資質を測りやすい問題と言えるだろう。

では、もう一つ、この問題はいかがだろうか。

「じゃんけんの選択肢『グー』『チョキ』『パー』に、『キュー』という選択肢も加えた新しいゲームを考案しなさい。解答は、新ゲームの目的およびルールを説明するとともに、その新ゲームの魅力あるいは難点も含めて、六〇一字以上一〇〇〇字以内で論じなさい」

二〇一八年、早稲田大学スポーツ科学部の入試で出された問題だ。「早稲田に合格できるだけの基礎学力があり、スポーツに興味がある」というだけの受験生では太刀打ちできない問題だ。

試験の点数や偏差値だけでは測れない発想力や、問題の指示に従いながら新ゲームについて説明する表現力があるかどうかを見ようとする大学側の思いが見て取れる。

筆者は、この先、文系・理系を問わず、国公立大学の二次試験などでも、この類の問題が増えると予想している。

それが、大学入試改革を進めてきた文部科学省の狙いであり、大学を出た後、二一世紀を生きる若者たちに求められる能力だからである。

英語の試験で出題文が日本語の衝撃

筆者は「はじめに」の中で、これからの大学入試は、「論理的思考と表現力」、「英語四技能（読む、書く、聞く、話す）」、それに「データサイエンスを学ぶうえで必要となる基礎能力」という三つの学力が重視されるようになると述べた。

その予測どおり、一つの科目でこれらの要素を試そうとしたのが、二〇二三年二月に実施された慶應義塾大学経済学部入試の英語である。

英語の試験であるにもかかわらず、出題された長文自体はすべて日本語。試験の後、受験生の間では

「英語が得意な帰国子女を排除するため？」

などといった驚きの声が上がったものだ。

問題は、長年、介護問題に取り組んできた専門家の論考に対する日本語の論評を読み、英語で書かれた設問に解答させるというもので、英語の長文問題にありがちな「英語で書かれた文章を読んで日本語で答える」ではなく、「日本語で書かれた文章を読んで英語で答える」という真逆のものであった。

しかし、問題としてはよく練れている。

日本語で書かれている論評自体、読解が難しく、英語力以前に国語力が備わっていなければ正答を選べない。介護問題に関する知識がいくらかでもあったほうが正答を導きやすい。

問題を見れば、日本語での論評の最後が、「政府が直接社会的な操作を行うことは果たして良いことであろうか」と疑問形で終わっている。これは、婉曲的に伝えることで、「良くない」と断じるよりも意味を強めた表現になる。このあたりも理解しておかなければ、読み間違えてしまうのだ。

つまり、慶應義塾大学経済学部で出された英語の問題は、先に述べた三つの学力のうち、「論理的思考と表現力」と「英語四技能」を同時に測り、英語力だけでなく、国語力や介護問題に関する理解度も含めた受験生の総合力を問うものであったと解釈することができる。

もっと言えば、「英語力も重要だが国語力の育成や世の中の動きに目を向けることも大切」だと、これまでの大学入試のあり方に一石を投じる思惑もあったのでは、と推察できる。

慶應のライバル、早稲田大学でも英語の試験で受験生の総合力を問う問題が出題されている。それは、二〇二三年二月に行われた法学部入試の問題だ。

試験では、大問八つが設定されたが、定番の長文読解は「仕事にやりがいを求めることの危険性」がテーマ。短文空所補充の問題は、「メールでレストランの予約をする」という内容。そして、最後の問題、自由英作文では、「イラストを見て読み取れることを、七〇語から八〇語の英語で自由に書く」という内容であった。

早稲田の場合も、時事的で社会性が問われる問題、それに英語で思考力や表現力が問われる問題が出されているのだ。

大学入試にたずさわる関係者の中には、「早慶の入試は、一般的な国公立大学入試の一歩先を行く」と語る人が多い。

その早慶の入試で、受験生の総合力を問う入試が頻出し始めたことを思えば、国公立大学の二次試験や他の私立大学の個別入試でも、大学入学共通テストの変化に合わせ、何らかの形で、「データサイエンスを学ぶうえで必要となる基礎能力」も含めた三つの学力を問う問題が増えていくと予測すべきだろう。

文部科学省が目指す「学力の三要素」

二〇二〇年度の小学校を皮切りに、翌年には中学、翌々年には高校と、順次導入されてきた新たな学習指導要領には、文部科学省が、次代を生きる子どもたちに不可欠な学力としてうたう三つの要素が明記されている。

それは、従来から重要視されてきた「知識・技能」に加え、「思考力・判断力・表現力」、それに「学びに向かう力・人間性」である。

◇これからの子どもたちに不可欠な学力の三要素

- 知識・技能＝基礎学力、読み書き計算能力
- 思考力・判断力・表現力＝知識や技能を活用し、自分の頭で考え、判断し、それを文章や言葉などで表現できる能力
- 学びに向かう力・人間性＝主体的に、多様な考えを受け入れながら、誰とでも協働し

ていくことができる能力

文部科学省からすれば、

「時代の変化はあまりに早い。学校教育を、変化に対応し『生きる力』を身につけるように改め、大学入試もまた根本的に改革しましょう」

というわけである。

たしかに、世の中の変化は想像以上に速い。パソコンやスマートフォンを駆使できるのは当たり前、この先はＡＩ＝人工知能によって、これまで人間がやってきた仕事が奪われる事態が想定されている。

職場での企画書や報告書の作成などは生成ＡＩに任せ、車での移動も自動運転機能で楽ができるようになる反面、受付など単純作業ばかりでなく、通訳やニュースアナウンサーといった仕事までＡＩに取って代わられるようになると、これまで以上に、

「最難関の東京大学を卒業しました」

などといった、単に「読み書き計算能力の高さ」を証明する学歴だけでは通用しなくなる。

その肝心の東大でさえ、イギリスの高等教育専門誌「Times Higher Education」による

世界大学ランキング（二〇二三年九月発表）では二九位だ。トップ一〇〇大学の中には、東大以外に五五位となった京都大学しか入っていない。

　研究の環境や質などで決まる国際的なランキングで、日本の大学が上位にランクされないということは、それだけレベルの高い留学生や研究者が日本に集まらなくなることを意味する。

　そうなれば、国際社会に比べて伸びない労働賃金などと同様、学問のレベルでも、欧米諸国はおろか、すでに後れを取っている韓国や中国などにも水を開けられてしまうことになる。

　そこで、文部科学省は、十兆円規模の「大学ファンド」を設けて、「国際卓越研究大学」を指定し、大学の研究力強化に着手した。加えて、「知識・技能」重視の大学入試を改め、思考力や表現力、それに主体性や協働性などを問う入試へと衣替えを図ろうとしているのである。

　文部科学省がうたう「学力の三要素」は、筆者が述べてきた「入試で問われる学力の三要素」にも合致するものだ。

　これらは東大や京大をはじめとする難関大学を目指す受験生だけでなく、偏差値的に中堅とされる大学などでも、個別に実施される二次試験や一般入試、それに総合型選抜入試で問われる要素になるので、留意しておいていただきたい。

ハイパー・メリトクラシーの時代

ここまでで、文部科学省が進めてきた大学入試改革の狙いや、それに呼応した大学側の取り組みの一端はご理解いただけたかと思う。

いずれも、その根幹には、「これからの時代に即応できる人材の育成」や「グローバル人材、もしくは、国際社会の変化を地域やそれぞれの研究に応用できる人材の養成」がある。

もちろん、一定の「読み書き計算能力」は必要で、英語力も「ない」より「ある」ほうが受験には有利だが、学力を測る「モノサシ」が、大学入試改革に合わせ、変わってきていることもまた事実である。

これからの大学入試では、テストの点数や偏差値で判断できる「目に見える学力」に加えて、「目に見えない学力」が重視されるということになる。

これを言い換えるなら、メリトクラシー（能力主義）からハイパー・メリトクラシー（超能力主義）への転換と位置づけることもできるだろう。

現代社会は、年功序列や終身雇用に代表される日本型雇用から、成果を出した人、あるいは、「ジョブ型」と呼ばれ、企業が設定した職務内容に沿って能力を発揮した人が重用される時代になったと言われてきた。

しかし、現実はもっと先へと進み、「成果を出している」や「能力がある」というだけでは足らず、個々のコミュニケーション能力や多様な考えを持った人たちと協働できる力がある人が求められるように変化している。

筆者はここに、子育ての難しさがあると感じている。

なぜなら、従来の能力に加えて「何か」が求められるハイパー・メリトクラシーの世の中は、非常に曖昧で捉えどころがないからだ。

そもそも、ハイパー・メリトクラシーという言葉は、教育学者で東京大学大学院教授の本田由紀氏が、『多元化する「能力」と社会――ハイパー・メリトクラシー化のなかで』（NTT出版、二〇〇五年）の中で示したもので、「人間力」などといった抽象的な概念で表現される能力を指している。

その代表格が、コミュニケーション能力や多様な考えを受け入れ、協働できる力なのだが、本田氏自身も同書の中で、抽象的な概念だと警鐘を鳴らしている。

難しいのは、それらの能力を測る「モノサシ」が明確でないことだ。

人を評価する側によって自由に解釈され、「彼はコミュ力が高い」「彼女は多様性や協働性に欠ける」などと主観で優劣が決まってしまうリスクを伴う。

　これからの大学入試は、勤労者の評価基準や求める人材の基準が変化している社会に対応し、ハイパー・メリトクラシー型の設問が頻出するようになると予想されるが、従来のように一点刻みで合否が決まる入試制度のほうが、はるかに公平で公正、しかも対策が講じやすい。

　しかも、個々の受験生の「人間力」まで見られるとなると、育ちや経験の多寡、さらには幼少期からの人間関係まで反映されることになる。

　その場合、経済的に恵まれた家庭で育った子どものほうが、様々な経験を積み、色々な人たちと交流もでき、総合的な「人間力」を身につけやすくなる。そのことが所得格差や地域格差による影響を拡大する恐れも否定できない。

　とはいえ、学んだ知識を組織の指示どおりに、正確に手際よく進めていけば「優秀」とされた時代ではない。ひと昔前の「優秀」さでは物足りないと評価される時代であることは確かだ。

　筆者を含めた保護者は、一点刻みの入試から大きく転換を図っている文部科学省の意図や個々の大学のアドミッションポリシー（「こんな学生が欲しい」という受け入れ方針）を理解しながら、子どもと向き合うしかない。

なぜ大学で「PBL」が全盛なのか

筆者は現在、首都圏の二つの大学で非常勤講師を務めている。その授業で必ず実施しているのが、PBL（Project Based Learning）と呼ばれる課題解決型学習だ。

今は、筆者が勤務する大学だけでなく、日本国内のほとんどの大学で、学生が能動的に考え学習する教育方法として「アクティブラーニング」が推奨されているが、PBLはその代表格と言っていい。

PBLの起源は、アメリカの教育学者、ジョン・デューイが、探究のプロセスとして用い、一九九〇年代初頭から教育現場で注目されはじめた学習理論で、学生自らが課題を発見し、答えが一つとは限らない中、仮説を立て、調査や検証をし、自分なりの答えや結論を導き出すというものだ。

教員が教壇に立って板書をしたり、プレゼンテーションソフトを使って説明し、それを学生がノートに写したりする座学とは異なり、「思考力・判断力・表現力」、そして、「主体性・多様性・協働性」といった二一世紀型学力を身につけるうえで有効とされている。

筆者も、担当する授業の中で、「課題発見→調査・研究→問題解決」とつながるように指導し、グループワークやディスカッションなども採り入れているのだが、毎年、授業の回数を重ねるごとに、最初は意見すら言えず、おどおどしていた学生でも、自分の頭で考え、グループの仲間と知恵を出し合い、分担し合って調べ、解決策を発表という形で表現する中で、「見違えるようにしっかりしてくる」と実感させられてきた。

だからこそ、各大学では、三年次の後半には本格化する就職活動をにらみ、また、社会に出て活躍できる素地を作るため、ＰＢＬを実践しているのである。

ここで重要なことは、この流れが、大学入試にも影響を与えているという点だ。

国公立大学一八〇校余りの中、実に一三〇校前後で、大学独自の二次試験に面接が課され、

「高校時代に頑張ったことは？」

「なぜ○○学部を受験したのですか？」

といった一般的な質問のほかに、入学後のＰＢＬを先取りするかのような問いが、面接官から投げかけられているのだ。

◇国公立大学二次試験の面接で問われること

「現代社会の問題点と、その問題点を解決するための方法を述べてください」

「反抗的な患者がいるとします。あなたはどのように対処しますか？」

「教育に関するニュースを挙げ、それに対するあなたの考えを聞かせてください」

「この地域の最大の問題は何だと思いますか？　その理由も教えてください」


二次試験で面接を実施する国公立大学は、医学部や看護学部、教育学部や地方創生系の学部が多い。これらの問いは複数の大学、学部で投げかけられているものだ。ただ、近頃は、文学部や経済学部、それに、農学部などでも課す大学が増えている。

これらの大学では、正解が一つとは限らない社会問題が増加する中で、大学入学後、自ら課題を発見し解決策を導き出していくことができるかどうかを入試の段階から測っているのだ。

だとすれば、保護者の皆さんには、子どもの目を社会へと向けさせる習慣が求められることになる。後でも述べるが、親子で世の中の課題について考え、結論を出すといったコミュニケーションが重要になってくるということである。

町工場を立て直す方法とは

近年、横浜銀行など有力地方銀行やコンサルタント系企業の採用試験で、次のような問題が頻出するようになった。

「あなたがアドバイザーだとして、この会社の課題を分析し、経営を再建する方法を考えてください」

新型コロナウイルスの感染拡大が落ち着き、対面での面接などを再開した企業が、グループディスカッションのテーマとして出しているものだ。

経営状態が悪化している中小企業のどこに課題があり、それをどうすれば改善できるのか、というお題は、まさに課題解決型学習そのものだ。

しかも、グループディスカッションであるため、多様な意見を受け入れ、他の学生と協働して解決策を導き出す能力も測りやすい。

◇この会社の課題を分析し、経営を再建する方法を考えてください

○××商事株式会社　中古トラック販売業（本社・東京都練馬区。同板橋区に支店が一店舗あり。従業員は正規社員二三人、非正規社員十八人）

○社長は七五歳、専務は妻七〇歳、常務は家族ではない男性五五歳、社長の長男四〇歳は営業課長。社長は現状維持派。常務は新車部門創設など新規事業を考え、支店を増

やしたい意向
○年間の売り上げは、コロナ禍前の二〇一九年が十億円、コロナ禍の二〇二〇年から二〇二二年は十五億円、二〇二三年は八億円となる見通し。借金はないが、本社ビルは築四五年。設備投資資金は一億円で、他行が見積もった融資可能額は三億円

本書を手にされている皆さんは、今、ずっと頭の中でどのような方法を思い浮かべるだろうか。

すでに学校では、二〇二〇年度に改訂された学習指導要領に基づき、小学校から、お金の大切さや買い物の仕組みなどを学ぶ金融教育がスタートし、大学入試を控えた高校では、自分の人生とお金の関わりを学び、資産運用や資産形成について学ぶ機会が担保されるようになっている。

しかし、それだけでは、この問いに対して、出題者の意図に沿う答えを提示することは難しい。しかも、この手の問題への対策は、学校や予備校での学習だけでは不十分だ。

もちろん、右で例に挙げた問題は、銀行などが大学生を対象に課すもので、高校生にはややレベルが高いかもしれない。

とはいえ、国公立大学の二次試験、あるいは国公立や私立を問わず、後で詳しく述べる

総合型選抜入試（旧ＡＯ入試）や学校推薦型入試では、課題を発見し解決策を問うような問題、そして、世の中の動きに対して是非を議論するディベート型の問題が出されている点は無視できない。

◇大学入試で出されてきたグループディスカッションのテーマ例

「被害者と加害者の実名報道の是非を、犯罪事件に関する報道の意義と関係を明確にした上で、論じてください」（二〇二三年度　東京大学法学部）

「小学校の教科担任制導入は賛成か反対か、議論してください」（二〇二二年度　千葉大学教育学部）

「自治体の住民参加に関して、より良い住民参加の方法を考えてください」（二〇二一年度　香川大学法学部）

「日本の首都機能移転について、候補地と理由を話し合いなさい」（二〇二三年度　日本大学危機管理学部）

「国家が婚姻を法的に制度化することについて意見を述べなさい」（二〇二二年度　中京大学法学部）

「労働人口が減少する日本における外国人受け入れについて論じなさい」（二〇二三年度

麗澤大学外国語学部）

これらの出題の中には、文章を読ませて議論させるものもあるので、要旨を抜粋したが、学校や予備校では対策がとりにくいものばかりであるため、やはりここでも、家庭での日々のコミュニケーションが重要になってくると思うのである。

ロジカルシンキングとクリティカルシンキング

では、学生を選抜する大学側は、何を見て合否を決めているのだろうか。

◇大学側が学生をチェックするポイント
○受験している学部の研究領域に関する基礎的な知識
○リーダーシップ
○自分の頭で考え、それを分かりやすく伝える思考力や表現力
○違う意見への対応から見える多様性と議論を前に進めようとする協調性

主にこういった点が挙げられるが、大学関係者を取材すれば、さらに別の判断基準も見

大学側が学生に求める「クリティカルシンキング」と「ロジカルシンキング」

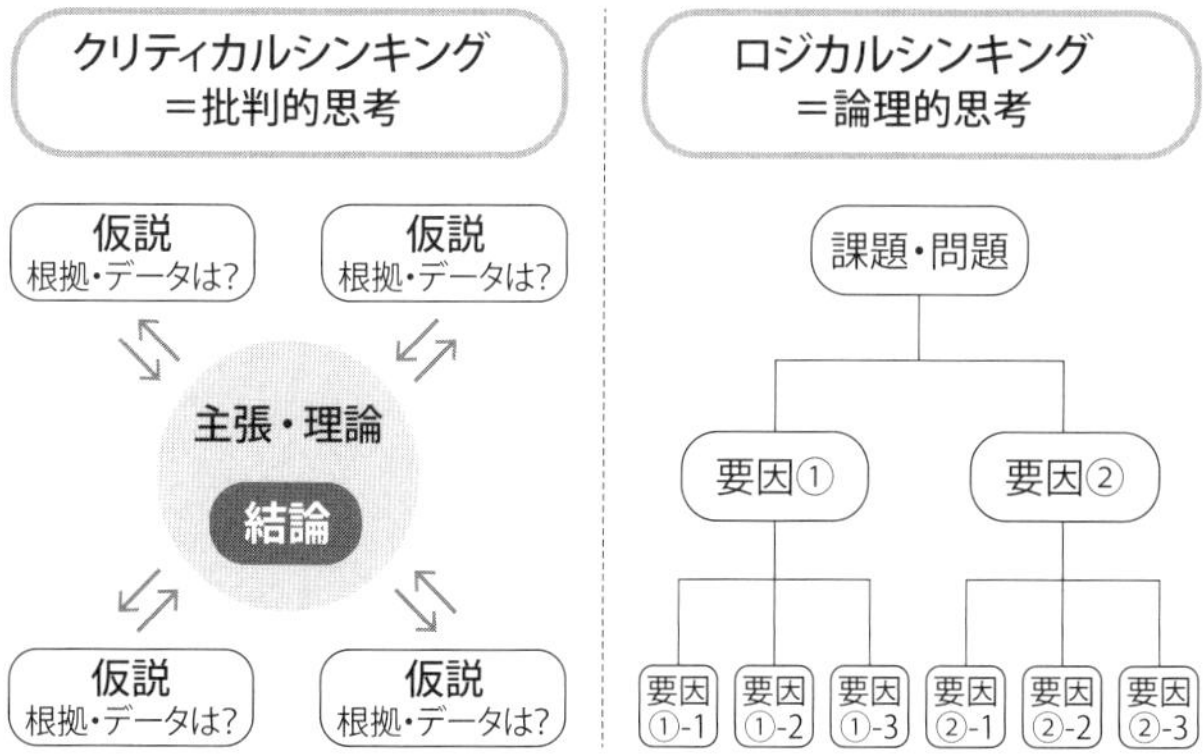

えてくる。

それが、「ロジカルシンキング」と「クリティカルシンキング」（図）である。

これらのうち、ロジカルシンキングとは、文字どおり「論理的な思考」を意味する言葉で、直感や感覚的に物事をとらえるのではなく、矛盾が生じないよう筋道を立てて考えたり、データや先例など論拠（エビデンス）を示したりしながら、自分の意見に説得力を持たせる手法である。

一方、クリティカルシンキングは、物事や情報を無批判に受け入れるのではなく、多様な角度から検討し、論理的・客観的に理解する方法を指す。

言うなれば、前提となっている考え方や慣習として継承されてきたことなどに対し、「本当にそうだろうか？」と考えてみるということである。

どちらも、筆者のように、マスメディアで報道に関わり、大学で研究もしてきた者にとっては必須とされる思考法だが、ジャーナリストや研究者に限らず、今やどんな職種にも求められるスキルとなっている。

研究機関であると同時に社会への窓口でもある大学側は、これらの能力を、筆記試験や面接、あるいはグループディスカッションなどを通じてチェックしているのだ。

これまでの日本の社会は、ハイコンテクスト社会、すなわち、「コンテクスト」(Context＝コミュニケーションのベースになる価値観や言語、文化)の共有度が高かったため、特段、伝える努力をしなくても意思の疎通が可能であった。話が論理的でなくても、相手の意を汲《く》んだり、口調や表情から忖度《そんたく》したりすることでコミュニケーションが成立してきた。

ところが、「Z世代」と呼ばれ、デジタルネイティブで、組織よりも「個」や「自分の共感」を大事にする若者世代が台頭し、減少する労働力を異文化の外国人に頼らざるを得ない時代になると、「意を汲む」や「忖度する」では通用しなくなる。

また、「過去の常識は非常識」と言われるほど、変化が激しい現代社会においては、これまでセオリーとされてきたものであっても、疑ってかかる姿勢が不可欠になってくる。

大学側が、そして企業までもが、ロジカルシンキングやクリティカルシンキングの力の有無を測ろうとするのは、こうした時代背景に起因すると筆者は考えている。

ただ、これらの力も、学校や予備校での学習だけでは容易には身につかない。とはいえ、筆者の経験則から言えば、家庭で少し意識をして習慣化すれば、しだいに身についてくる能力だと思うので、そのコツを列記しておく。

◇ロジカルシンキングとクリティカルシンキングを習慣化させる方法

○食卓やリビングで、子どもに保護者の仕事の話をする

●失敗談や成功談を語り、どうすれば成功したか、もっと良い結果が得られたかなどの話をする

○一週間に一～二回でいいので、ニュースを見ながら本気の会話をする

●政治や経済のテーマでもいいが、「原油高」「物価高」「芸能やスポーツに関連する社会問題」など関心がありそうな事象を題材に、解決策や疑問に感じた点を挙げて議論し合う

○家族の方針を決める話し合いに子どもも参加させる

●「外壁を塗り直す」「車を買い替える」「家族旅行の行き先を決める」「祖父母を介護施設に入れる」などの話し合いで、「なぜ、この車か？」「どうしてこの場所か？」など、論拠も交えて意見を言わせる

キーエンスの「説得面接」に勝てるか

大阪市に本社を置く、自動制御機器や計測機器などの開発・製造企業、キーエンス。その業態よりも、平均年収が二三〇〇万円前後と高額であることと、独特な採用面接で知られる人気企業である。

その高い年収はさておき、採用面接のどこが独特なのかと言えば、「自己PRをお願いします」や「志望理由は何ですか?」などといった一般的な質問に続く三分間の「説得面接」である。

◇キーエンスの「説得面接」例

「私は外食が嫌いです。外食好きにしてください」

「私は紅茶派ですが、コーヒー党になるよう説得してください」

「私はネット通販が好きではありません。好きになるように説得してください」

「私はレンタカー派です。自家用車が欲しくなるように説得してください」

「私は投資が大好きなのですが、銀行預金が好きになるように説得してください」

いかがだろうか。

キーエンスは、営業として活躍する優秀な人材を求めている。そのため、論理的に説得力のある話し方をする人材を選ぼうとしている。そうした人材を選抜する方法としては考え抜かれた良問と言っていい。

面接官である相手を説得するためには、最初から、主観だけで訴えるのはもってのほかだ。瞬時に情報を収集したり、その暇すら与えられない場合、記憶をたどりながら、自分の考えに少しでも説得力を持たせたりする瞬発力が求められる。

加えて、面接官である相手に、「なぜ、外食が嫌いなのですか？」とか「レンタカーだけの生活で不自由は感じませんか？」などの質問を行い、ヒアリングで得た情報を論拠にするという技も必要になってくるかもしれない。

さすがに大学入試では、ここまでの瞬発力は求められないが、一定の時間を与えられたうえで、論理的に書く、論拠を交えて話すといった能力を問う問題は、今後ますます増えていくと予想される。

そうした入試に対応するには、それなりの準備は必要になる。

子どもに、論理的思考力、先の項で述べたロジカルシンキングやクリティカルシンキングの力を身につけさせるには、たとえば、ゲーム感覚で、キーエンスで実施されているような「説得面接」を、家庭で試みてみるのもいいのではないだろうか。

ちなみに、筆者は、教壇に立っている大妻女子大学や東京経営短期大学、ならびにゲスト講師として招かれる中央大学や一般企業で、「説得面接」を実施している。

先生である筆者が面接官役を務め、学生には一分程度の調査時間を与えて、「タクシーには乗らない派ですが、乗りたくなるように勧めてください」

このようなテーマをぶつけている。

最初は、どの大学でも面食らう学生が多かったが、何度かこなすうちに、「タクシー利用者の平均乗車時間は約十八分」

「お客さんがタクシーを使う目的で一番多いのは疲労軽減」

などといった客観的なデータなどを即座にスマホで検索し、私にタクシーを利用し、乗車時間を次の仕事の準備や体力回復に充てるよう進言する学生が増えた。

論理的思考を身につけさせる方法は、思ったほど難しくないのだ。

茨城県にピアノの調律師は何人いるか

以前、筆者は講演会に講師として招かれた茨城県内の県立高校で、集まってくださった保護者に、「これからの大学入試で問われる学力」について、次のようなお題を出したことがある。

「茨城県にピアノの調律師は何人いますか?」

皆さんが「えっ」と戸惑う顔をされていたのが記憶に新しいのだが、筆者は、「フェルミ推定」と呼ばれる、仮説を立て結論を導き出す手法こそ、激変する大学入試で問われる学力のヒントになると考えている。

この「フェルミ推定」とは、一九三八年にノーベル物理学賞を受賞したイタリア出身の物理学者、エンリコ・フェルミが、亡命先のアメリカで、シカゴ大学などの学生に問いかけたもので、実際には調査することが難しいような数値を、仮説を立てながら論理的に推論し、短時間で概算する手法を指す。

この考え方に基づいて、先ほどの問いの答えを算出してみよう。

◇「茨城県にピアノの調律師は何人いますか?」の答えの導き方

(1) 茨城県の人口は約三〇〇万人(実際には二八八万人前後)とする

(2) 一世帯で三人が住んでいるとすれば、茨城県内の世帯数は一〇〇万世帯

（3）一〇〇万世帯の中でピアノを置いてある世帯を十世帯に一世帯と推定するとピアノの台数は十万台になる
（4）ピアノ一台につき調律は年一回行う
（5）調律師は一日三台の調律を行うと推定し、年間二五〇日働くとすると、一年間で調律するピアノの台数は七五〇台になる
（6）十万台を七五〇台で割れば、約一三〇という数字が導き出せるので、茨城県にいるピアノの調律師は一三〇人

この数字が正しいかどうか、正直なところ、筆者には分からない。ただ、「フェルミ推定」では、答えの正確さは求めていない。

先に示した（1）〜（6）のように、仮説を立てて、「茨城県の人口」「世帯数」「ピアノを保有している世帯数」……といったように、問いをいくつかの要素に分解しながら論理的に推定していく手法が問われているのである。

「東京都内にマンホールの蓋は何個あるのか？」

「鳥取砂丘に砂粒はいくつあるのか？」

このような問題でも、自分が持っている様々な知識で分解し、仮説を立て、論理的に答

えを導き出そうとするプロセスが問われるということだ。

「福島第一原発で溜まる処理水の海洋放出に関して、今後、想定される被害と国際社会からの批判を考慮しながら、あなたが考える解決策を述べなさい」

「日本で少子化が現在のペースで進めば、二〇七〇年には、今より四〇〇〇万人前後、人口が減少します。これはカナダの全人口に匹敵する数ですが、これを食い止める方法を考えなさい」

これらの「問い」に共通するのは、これまでも述べてきたように、答えが一つではないという点だ。

前者で言えば、福島県などが予測する風評被害額、海洋放出がこの先三〇年近く続くこと、中国などの反発といったファクトは把握したうえで、仮説を立て、論拠も交えながら解答する力が要求される。しかも、解決策はアプローチの仕方によって異なる。

後者の場合も、出生率の低さ、毎年、鳥取県一県分の人口が日本から消えている現実、日本の場合、出産は結婚が前提で生涯未婚率の高さがネックになっているなどの認識に立って解決策を見出していかなければならない。

未婚率の高さの解消に焦点を当てる、大学無償化策の導入に言及する、東北や北海道などは出生率が低く、逆に九州は高いという現実にフォーカスするなど、こちらも方法はいくらでもある。

ただ、いずれも、受験生の基礎知識、その知識を活用する論理的思考力は、国公立大学の二次試験や私立大学の一般入試や総合型選抜入試だけでなく、大学入学共通テストでも、年々問われるようになっているので、ニュースを題材にした家庭での本気の会話は、少しずつでも習慣化してほしいと思っている。

サンマの向こうに複数の風景が見えるか

名古屋市にある私立校、南山高等学校・中学校女子部で校長を務めた西経一神父が、校長在任時代に生徒や保護者、そして教員に言い続けてきたフレーズがある。

「夕食に出たサンマを見て、サンマの向こうが見えるようになるために勉強するのです」

というものだ。

これを聞いただけでは、「どういうこと?」と思われる方もいると思うが、筆者は、これからの大学入試を考えたとき、対策の大きなヒントになる言葉ではないかと感じている。

サンマが食卓に運ばれるまでの間には、サンマを獲る漁師、水揚げされたサンマを運ぶトラック、競りを行う市場関係者、小売店などが介在する。

それ以前に、サンマは豊漁なのか不漁なのか、またその原因は何なのか、という気候変動にまつわる問題もある。

さらに、サンマが東北産などであれば、二〇二三年八月から、福島第一原発で溜まる処理水の海洋放出が始まったのを受けて、安全性の問題、政府の風評対策、そして中国などの強い反発といったことも思い浮かべる必要がある。

西先生は、

「そういう姿を、サンマの向こうに見ることができるような視野の広い人間になりなさい、それが学ぶということです」

と説いているのだ。この考え方はとても重要だ。

なぜなら、国公立大学の二次試験や私立大学の総合型選抜入試などでは、面接や論述試験を通して、個々の受験生の奥行き、言い換えるなら、前述したように総合的な「人間力」を見る傾向が顕著になってきているからだ。

◇総合的な「人間力」を測る問題

「あなたが教師であれば、スウェーデンの環境活動家、グレタさんにどのような指導を

しますか？」（二〇二〇年度　信州大学教育学部）
「どうして勉強するの？　と小学五年生に問われたらどう答えますか？」（同　群馬大学共同教育学部）
「どのような本を今まで読んできましたか？」（二〇二三年度　広島大学文学部）
「将来どんな風にでも働いてよいと言われたら、具体的にどのように働きたいですか？」（同　宮崎大学医学部）

これらの問題に対処するには、保護者が子どもに「勉強しなさい」というだけでは難しいということがお分かりいただけるのではないだろうか。

従来の読み書き計算能力の育成に加えて、保護者と子どもとで世の中の動きについて話をしたり、保護者が最近読んだ本の話を聞かせたりして、知的好奇心を喚起するような習慣がどうしても必要になってくる。

日常生活の中では、気にも留めず歩いている舗装された道路が、一メートルあたりいくらでできているのか、クリスマスに間に合わせるため、農家はイチゴをどう育成しているのかなど、どんなことでも、保護者自身が関心を持つことが大事になってくる。

先に挙げた問題で言えば、「なぜ勉強するのか？」「働くとはどういうことか？」といったことも、保護者の経験やキャリアを通して話してあげてほしい。

誰とでも合意形成ができるか

大学入試は、これまでにも年々変化してきたが、二〇二五年度以降は、大学入学共通テストで思考力や表現力を問う出題が増え、国公立大学が独自で行う二次試験や私立大学の一般入試でも、その傾向が目に見えて強まると予想される。

それと同時に、「文部科学省が求めているから」というよりも、「これからの時代には不可欠だから」という意味で、これまでも述べてきたように、学びに向かう力や人間性を問う、ハイパー・メリトクラシー的な出題が増えてくるだろう。

次の調査結果を見ていただきたい。

◇採用と大学改革への期待に関するアンケート結果（日本経済団体連合会　二〇二二年）

○採用の観点から、大卒者に特に期待する資質

一位　主体性　八四・〇％

二位　チームワーク・リーダーシップ・協調性　七六・九％

三位　実行力　四八・一％

○採用の観点から、大卒者に特に期待する能力
一位　課題設定・解決能力　八〇・一％
二位　論理的思考力　七二・一％
三位　創造力　四二・八％

経団連は毎年、会員となっている企業を対象に、「企業は学生に何を求めているか」が分かる調査を実施し公表している。

この結果を見れば、これからの大学入試で問われる能力を、大半の企業が欲していることが分かる。

ちなみに、大卒者に期待する能力の中で英語力に代表される外国語運用能力を挙げた企業は、全体のわずか四・五％にすぎない。

中でも注目したいのが、およそ四分の三の企業が、「チームワーク・リーダーシップ・協調性」を重視すると回答したことだ。これは、多様な考えを受け入れ、誰とでも協働する力が重要という大学入試改革の狙いと合致するものだ。

「チームで何かをやり遂げた経験はありますか？」

このような質問が、国公立大学の二次試験や私立大学の総合型選抜入試で投げかけられ

るのは、誰とでも合意形成ができるか、を試しているのである。

この力も、机上の勉強だけでは身につかないので、各家庭で次のような機会を増やしていただけたらと思う。

◇家庭生活の中で、多様な考えを受け入れ協働できる力を磨く習慣
○庭の手入れ、大掃除などの作業、車の買い替え、引っ越しといった家族全員に影響が及ぶ物事を決める際に、子どもにも作業や調査を分担させる
○地域の行事に準備段階から子どもにも参加させる
○地域のスポーツクラブなど、学校以外の子どもたちと触れ合う機会を、できるだけ維持する

実は筆者も、大学で学生たちに課題を与え、協働して結論を導き出す授業を実践している。

毎年度、最初の頃は、自分の意見を通そうとする学生や、自分とは異なる意見に耳を傾けようとしない学生がいたりもする。

しかし、経験則から言えば、そういう「クラッシャー」（全体の空気を壊すような人）の

ようなタイプの学生であっても、回を重ねるごとに、「聞く力」を持ち、建設的に話し合いに加わってくれるようになるため、

「複数の人間で、一つの目標に向かって作業をさせたほど良くなる」と実感している。

本音のコラム(1)

「話せて書ければ人生は安泰」

二〇一二年にノーベル生理学・医学賞を受賞した山中伸弥氏がこう語っていたことがある。

「実際に世の中を生きていくためには、『ソフトスキル』が重要です。まずはコミュニケーション能力、伝える力です」

たしかに、画期的な発見をしたとしても、コミュニケーション能力がなければ発信できない。つまり、話すことや書くことが重要と語っているのだ。

理系の研究者でさえそうなのだ。逆を言えば、話せて書けるという力は、文系理系を問わず、人生を好転させるうえで大きな武器になるということになる。

残念ながら、高校生の年代は部活動や塾で忙しく、保護者と会話する時間もなければ、する気もないという子どもが多い。しかし、進路を決める時期になれば、何らかの相談をしてくる。そういう機会を利用し、保護者が子どもの趣味に合わせる形で関心を向けることで、少しずつ会話の機会を増やし、長さも増やして、その内容も段々と濃いものにしていただけたらと思う。

第二章

共通テストで問われる新たな学力

国語で出る「実用的な文章」

二〇二二年四月から施行された高校での新学習指導要領に対応して、これからの大学入試は、「知識・技能」に加え、「思考力・判断力・表現力」や「学びに向かう力・人間性」を問う入試へと変化していく。

その中にあって、国語は、筆者の周りの予備校関係者の中では、「比較的、大きな変更点はないだろう」と見られているが、試験時間が八〇分から九〇分へと拡大される点には着目しておきたい。

その理由は、日本の場合、OECD（経済協力開発機構）が三年ごとに本調査を実施しているPISA（学習到達度調査）によって、読解力の弱さが顕著になっているからだ。

PISAとは、欧米をはじめとするOECD加盟国を中心に、八〇近い国々が参加し、十五歳を対象に、読解リテラシー、数学的リテラシー、それに、科学的リテラシーの三分野で学力を測る国際的なテストだ。

文部科学省はこの結果を重視し、過去にも「ゆとり教育の転換」などを図ってきた。それがすでに導入されている新学習指導要領にも反映されている。

高校の国語では、共通必履修科目として「現代の国語」、「言語文化」、選択科目として

「論理国語」、「文学国語」、「国語表現」、「古典探究」が設けられた。

これらのうち、「現代の国語」と「言語文化」は、高校の国語教育が抱える課題を踏まえて新設されたもので、この意図が大学入試にも反映されていく。

大学入学共通テストの国語は、二〇二四年度入試までは大問が四つだったのに対し、二〇二五年度以降は大問が五つに増加する。そのため試験時間が十分延長されているのだ。その内訳を見ておこう。

◇二〇二五年度以降の大学入学共通テスト・国語の大問

第一問　論理的な文章
第二問　文学的な文章
第三問　実用的な文章（新設）
第四問　古文
第五問　漢文

ご覧のように、第三問の「実用的な文章」の読解が新たに加わるのだ。実用的な文章とは何を指すかを文部科学省の受け売りで言えば、次のようになる。

――具体的な何かの目的やねらいを達するために書かれた文章のことであり、報道や広報の文章、案内、紹介、連絡、依頼などの文章や手紙のほか、会議や裁判などの記録、報告書、説明書、企画書、提案書などの実務的な文章、法令文、キャッチフレーズ、宣伝の文章などがある。また、インターネット上の様々な文章や電子メールの多くも、実務的な文章の一種と考えることができる。これらのうち、ここでは、現代の社会生活に必要とされるものを取り上げることを示している。――(「高等学校学習指導要領平成三〇年告示　国語編」より)

すでに公表されている試作問題では、「気候変動」に関する図表を見て答える問題と、「日本語の独特な言い回し」について、「性別による言葉遣いの違い」というアンケート結果などを見ながら答える問題が出題されている。

文章や図表から読み解くという点では、たしかに国語の試験なのだが、出題されるテーマは、「地理・歴史」や「公民」分野に近い可能性が高い。

この考え方が、国公立大学の二次試験や私立大学の一般入試、あるいは国公私立を問わず、総合型選抜入試にも反映されれば、これからの大学入試は、受験生の「総合的な人間力」を問う内容になっていくと思うのである。

こうした変化に対応するには、つけ焼刃の対応では足りず、やはり普段から家庭の中で、現代社会が抱える諸課題について、親子で話をする環境の醸成がカギになる。何も専門的に深く掘り下げなくてもいい、親子で意見を言い合うだけで全然違う。

◇押さえておきたいテーマ

「気候変動」、「SDGs」、「原発問題」、「少子化」、「高齢社会」、「空き家対策」「インバウンドの光と影」「防衛費増額」「アメリカ軍基地」「AIがもたらす変化」、「子どもの貧困」「若者の政治離れ」「格差社会」「地域活性化」など

話した内容が仮に入試で出題されなくても、法学部や社会学部、地方創生系の学部といった社会科学系の学部を志望している子どもには、大学入学後の学びの素地になる。

地歴は「探求」がカギ

「地理歴史」は図（出典：Y-SAPIX）のように大きく変わる。ひと目で分かるように「探求」という言葉がついているのがポイントだ。

大学入学共通テスト「地歴・公民」の見直し点

現行 → 2025年度以降

現行

地理歴史	世界史A
地理歴史	世界史B
地理歴史	日本史A
地理歴史	日本史B
地理歴史	地理A
地理歴史	地理B
公民	現代社会
公民	倫理
公民	政治・経済
公民	倫理、政治・経済

2025年度以降

地理歴史	歴史総合、世界史探究
地理歴史	歴史総合、日本史探究
地理歴史	地理総合、地理探究
地理歴史・公民	地理総合、歴史総合、公共
公民	公共、倫理
公民	公共、政治・経済

振り返れば、二〇一九年十一月、日本の国立アカデミーで、内閣府の特別の機関でもある日本学術会議は、「歴史的思考力を育てる大学入試のあり方について」と題する提言を発表している。

提言には、「歴史系の入試科目は『歴史総合・日本史探究』および『歴史総合・世界史探究』とすべきである」との文言が明記されている。その点で言えば、二〇二五年度以降の大学入試での「地歴・公民」の見直しは、この提言をほぼそのまま受け入れる形となったと考えることができる。

とすれば、出題内容も、日本学術会議の提言で盛り込まれた「出題の際の配慮」が色濃く反映される可能性が高い。

どういうものか要約しておく。

◇日本学術会議が提言した「出題の際の配慮」
（1）基本的な歴史的知識を問う問題と多様な形式で歴史的思考力を測る問題をバランスよく出題
（2）教科書に記載されている事実や史資料に関する知識だけを問うのではなく、未知の史資料や課題を考えさせる問題を積極的に出題する
（3）表・グラフや図像を読み解く問題など、出題パターンを多様化する
（4）知識を問うバラバラな小問を並べるのではなく、複数の問いを関連づける、正解が一つという問題だけでなく、複数の正解がある問題も配慮するなど、解答方式も工夫する

出題者泣かせの提言であると同時に、探求型の授業に慣れていない高校教員にとっても、知識詰め込み型ではない教え方が問われる変化である。

教科書に載っていること、あるいは教員が知っていることだけでなく、教科書に載っていなくても、また教員が詳しく知らなくても、「なぜ?」「どうして?」という問いかけは、探究の入り口として必須になってくる。

学校教育現場では、東京書籍や山川出版社の教科書が多く採用されているが、私立の中高一貫校で使われることが多い山川の教科書は、バッグに入れるだけでズシリとくる重さである。

それだけ詰め込む知識量が多いうえに探究となると、教員の能力にもよるが、歴史的事実を教えるだけで精一杯となってしまうだろう。

そうなると、家庭でフォローするしかない。

「なぜ、プーチン大統領はウクライナを欲しがったのだろう？」

「数年前まで日韓関係は最悪だったけど、なぜ良くなってきたのかな？」

各家庭で子どもにこんな問いかけをしてほしい。先にも述べたが、保護者が詳しくなくても全然構わない。一緒に一歩踏み込んで考える習慣が重要なのだ。

「公共」で試されるのは時事問題の理解度

二〇二五年度以降の大学入試で社会科系科目を二科目選択する際、「公共、倫理」か「公共、政治・経済」を選ぶ場合、高校で導入されて間もない「公共」という科目が避けて通れなくなる。

筆者が教科書などを見る限り、これまでの「現代社会」と大きな違いはないのだが、テーマを見つけ、自分で疑問や関心を持って考察を深めていくアクティブラーニング的な学習が求められているように感じる。

「衆議院議員選挙で小選挙区では敗北した候補者が比例で復活当選している。なぜ、このような選挙制度がまかり通っているのか？」

「人口減少が進む地方では、大都市圏からの『移住』を促進しているみたいだけど、そのためには何が必要だと思う？」

先の項で述べた「地理歴史」の「探求」もそうだが、保護者からのこのような問いが、大学入学共通テストの「公共」をクリアし、国公立大学の二次試験や私立大学の一般入試ならびに総合型選抜入試を突破する第一歩になる。

実際、難関とされる大学の中では、文部科学省の動きの何歩も先を行く問題が出題されてきた。

筆者が「おっ」と感じた問題の中から二つご紹介しよう。

「多文化共生は可能か。あなたの考えとどうしてそのように考えるのかを、あなた自身の経験、または具体的な事例を挙げながら、述べなさい」（二〇一五年度　東京大学文科Ⅲ類・外国学校卒業生特別選考「小論文」問題）

「今年から、選挙権が十八歳に引き下げられました。これを受けて、一部の高校では、高校生の学外での政治活動について、学校への「事前届け出」を義務付ける制度が導入されました。生徒の選挙運動等は、学校の教育目的の観点から一定の範囲内で制約を受ける必要があるというのが、導入した学校側の考えです。一方で、この制度は、高校生を萎縮させるおそれがあり、政治集会等へ参加することをためらう生徒も出てくるであろうという指摘もあります。このような「事前届け出」制の是非について、自由に議論してください」（二〇一七年度　慶應義塾大学法学部ＦＩＴ入試　法律学科「グループ討論」）

どちらも、知識や技能以上に、学びの体験の有無や世の中の動きに目を向けているかどうかを測る良問だと思う。

二〇二五年度の大学入学共通テストの試作問題として、「公民、倫理」で多様性について問う問題、「公民、政治・経済」で人口減少と子育て支援をテーマにした問題などが公表されたが、いずれも個々の受験生の体験、そして何より時事問題にまつわる考え方が問われる内容となった。

教科書にマーカーを引いて、その部分をひたすら覚えるという勉強法や、「教科書で教える」教育法では通用せず、世の中の出来事に関心を持つ、教科書を起点に「現代社会」について考えるという姿勢が問われるものだ。

こうして考えれば、ニュース番組や新聞は何よりの教材ということになる。

ただ、保護者がニュースに接していないのに、子どもに「ニュースを見なさい」「新聞を読みなさい」と強いるのでは説得力がない。子どもの目を世の中の動きへと向けさせるには、少しだけ保護者の習慣も見直す必要があるかもしれない。

データサイエンス時代を先取りする数学

数学も出題傾向が変化する可能性がある。大学入試センターが、二〇二五年度から変わる大学入学共通テストの試作問題として公表した問題に、次のような出題がある。

「太郎さんと花子さんは、社会のグローバル化に伴う都市間の国際競争において、都市周辺にある国際空港の利便性が重視されていることを知った。そこで、日本を含む世界の主な四〇の国際空港それぞれから最も近い主要ターミナル駅へ鉄道等で移動するときの「移動距離」、「所要時間」、「費用」を調べた。なお、「所要時間」と「費用」は各国とも午前十時台で調査し、「費用」は調査時点の為替レートで日本円に換算した」

このような前提で、「移動距離」と「所要時間」の散布図、「所要時間」と「費用」の散布図、さらに「費用」と「移動距離」の散布図が明示され、小問に答えるというものだ。

「まさに、データサイエンスの先取り……」

この問題を目にしたとき、筆者は率直にそう感じたものだ。

二〇二五年度の大学入試改革では、大学入学共通テストで数学の変更点は多くない。数学①が「数学Ⅰ、数学A」「数学Ⅰ」であることは変わらず、数学②が「数学Ⅱ、数学B、数学C」になって試験時間が十分延長される程度だ。

しかし、大問の文章を読解したうえで、「数理解析力」を問う問題が間違いなく含まれるようになる。数と式、関数に関する計算能力に加え、グラフや図表から答えを導き出す能力をみようとしているためだ。

国や地方公共団体が提供するオープンデータ、企業が保有するデータ、それにSNSなどで得られる個人の属性情報や移動、行動、購買履歴などのパーソナルデータを解析し、課題発見→問題解決へとつなげることができる能力を、数学の試験で測ろうとしているのである。これぞ、ビッグデータを解析し、社会問題の解決策を見出そうとするデータサイエンスの基礎となるものだ。

今、全国の大学では、データサイエンス系の学部の新設が花盛りだ。データサイエンス系の学部は、二〇一七年、滋賀大学を皮切りに新設する大学が急増し、一五〇前後の大学に、「データサイエンス学部」や「情報学部」といった名称の文理融合型の学部が設置されている。

なかでも、「社会科学の殿堂」と高く評価されてきた一橋大学が、二〇二三年四月に「ソーシャル・データサイエンス学部」を新設し、京都女子大学も同年、「データサイエンス学部」を設置したことは、受験関係者の間で話題になった。

二〇二五年四月には、関西の人気校である関西大学も「ビジネスデータサイエンス学部」を新設するなど、この流れは当面続くと見られる。

マルチメディアやソーシャルメディアなどから得られるビッグデータは、「二一世紀の石油」と呼ばれ、そこから有用な情報を抽出し活用する能力は、これからの時代に不可欠なものだ。

京都女子大学の関係者はこう語る。

「データやＡＩを使いこなし、課題の解決に活用する力は、女性にとっても、これからの社会を生き抜く力、キャリアを支える力になります」

この波は、私立文系にも押し寄せている。

私立文系最難関の早稲田大学政治経済学部が、二〇二一年度入試から、共通テスト一〇〇点、大学独自の試験一〇〇点の合計二〇〇点満点で合否を決める入試に変えたことは記憶に新しい。

これまで、大学入試で必要とされてきた大量の知識は、スマホ一つで容易に手に入る。そんなことよりも、世の中の様々な事象に興味を持ち、数ある情報の中から事実を読み取り、自分なりに解析し、活用していく力を試す入試へとシフトしたわけだ。早稲田大学政治経済学部の入試では、「歴史を暗記するより、数理解析力を身につけてほしい」との思いが読み取れる。

慶應義塾大学も、これまで経済学部（A方式）や商学部（A方式）で数学を課してきたが、二〇二五年度入試で、文理融合型の二つの学部、総合政策学部と環境情報学部で、小論文に加えて課される学科試験を、「数学」、「数学および情報」、「外国語」、「外国語および数学」から一つ選択する形に変える。

数学が苦手だから私立文系を選ぶという思考回路は、完全に過去のものになりつつあると言っていい。

理科は身近な話題とデータで考察

大学入試改革で最も変化が少ないのが理科だ。

これまで四科目に分かれていた基礎科目が、「物理基礎、化学基礎、生物基礎、地学基礎」として一科目にまとめられるだけだ。入試では、このうち二つの分野を選択し解答すればいいので、ほとんど変化はない。

とはいえ、文部科学省が二一世紀型学力として位置づける「思考力・判断力・表現力」といった学力を大学入学共通テストで測ろうとする傾向は、これまでの出題からもうかがえる。

二〇二三年度の出題をみると、身近な話題を題材とした問題や、実験データをもとに考えさせる問題が目立った。

たとえば、化学基礎では、しょうゆに含まれる塩化ナトリウムの濃度を分析する実験が題材となった。

「ある生徒は、「血圧が高めの人は、塩分の取りすぎに注意しなくてはいけない」という話を聞き、しょうゆに含まれる塩化ナトリウム（NaCl）の量を分析したいと考え、文献を調べた」

という前提で、リード文を正しく理解したうえで小問に答えさせるというものだ。

塩化銀（AgCl）の沈殿などに関する図表から読み解く小問が続くため、ここでも、国語や「地理歴史」の試験と同様、問題の読解力と図表を見ながら解答を導き出す能力が問われる。

このほか、生物基礎では水槽の生態系内の物質循環、物理基礎では風力発電といったテーマが取り上げられ、地学基礎では、日本近海の年平均海面水温を示した図をもとに、黒潮の流れについて考察する問題が出題されている。

こうして考えると、高校の授業では、「現代文」、「日本史B」、「理科基礎演習」などと科目ごとにバラバラに分かれていても、世の中の動きにまつわる文章を読み、表やグラフで示されるデータから「何が言えるか」を考察する学習が不可欠ということになる。

そうなると、二〇二五年度以降の大学入試対策をする場所は、高校や予備校だけでなく、家庭ということになってくる。

筆者は、二〇〇六年から二〇一二年頃にかけて、首都圏の難関私立中高一貫校で追跡調査したことがある。

開成、麻布、駒場東邦、早稲田、早稲田実業、芝、桜蔭、女子学院、それに豊島岡女子など、いずれ劣らぬ難関校だが、それぞれの家庭でヒアリングを実施して見えてきたのは、「家庭の中で、親子で会話をする時間があり、社会問題や周辺での出来事に関して、話をする習慣がある」

という共通項である。

先に、「サンマの向こうに複数の風景が見えるか」という話をさせていただいたが、理科でそれなりの得点を取るためには、台所の中での会話がヒントになり、テレビやラジオで見聞きする異常気象の深刻さなども大事になってくるということだ。

○親子で社会の動きについて会話する時間が担保されている家庭の子どもは強い

本書を手にされている皆さんには、改めてこのように申し上げたいと思う。

英語で必要な情報処理能力

二〇二五年度以降の大学入学共通テストで言えば、外国語（英語）も大きな変更点はない。

これまでの「コミュニケーション英語Ⅰ・コミュニケーション英語Ⅱ・英語表現Ⅰ」が「英語コミュニケーションⅠ、英語コミュニケーションⅡ、論理・表現Ⅰ」と名称が変わるだけだ。

ただ、ここでも、「論理・表現Ⅰ」には注意が必要だ。前述したロジカルシンキング（論理的思考力）と表現力を問いますよ、と告知しているようなものだからである。

特にリーディングの試験だ。

大学入試センターの試作問題では、「授業中における生徒のスマートフォン使用」に関して賛否の意見を述べるという場面、そして、「環境に配慮したファッション（サステナブルファッション）」を教師からのアドバイスに従って再考する場面を想定した問題が出題されている。

英語に関しては、文法や長文読解だけでなく、「聞く」、「読む」、「話す」、「書く」の四技能を問う試験が一般的になっているが、それらに加えて、文と文との意味の論理関係を正しく理解し、表現できる力が試されるということだ。

右の試作問題で言えば、まずは日本語で「授業中のスマホ使用」に関して意見が言えなければ英語では解答できない。これは、「環境に配慮したファッション」に関しても同じなので、まずはそこが出発点になる。

筆者は以前、アメリカに留学し、小学校から大学、そして地域コミュニティや地方議会のディベート文化を研究した時期がある。

小学四年からディベートの授業があり、「うさぎをわなにかけるのは是か非か」にはじまり、大学になると「イラクや北朝鮮に先制攻撃をしかけるのは是か非か」など、連邦議会の上下両院での討論を思わせるテーマにまで深化する。

アメリカでは、ディベートやディスカッション、それにプレゼンテーションが、まるで呼吸をするように当たり前のこととして実践されていたことに、「日本の学校教育は周回遅れ、それも三周以上遅れている」と痛感したものだ。

二〇二五年度以降の大学入学共通テストでは、ようやく、英語を用いて論理的思考力や表現力を問う形に変わる。

個人的には、

「英会話なんて学ばなくても、AIを活用した翻訳アプリをスマホでダウンロードして活用すればいい。そんなことよりも日本語が先だ」

と考えたりもするのだが、英語の試験をクリアしなければ大学合格はおぼつかない現状を考えれば、リーディングでは「論理・表現I」に留意し、リスニングでは、聞き取る力を伸ばしていくしかない。

これからの入試では、論説文などのほかに、メール・広告などの日常的素材、さらには図表なども用いた出題も予想されるため、情報処理能力も問われることになるだろう。

英語力に自信がある保護者の方々は、世の中の動きに関して英語で賛否を述べ合うようなコミュニケーションを心掛けてほしいし、「英語は全然……」という保護者であれば、日本語で意見を述べ合う、あるいは、新聞やネットに掲載されている調査結果などを見ながら、賛否を言い合うような機会を増やしていただけたら、と思う。

情報はプログラミングだけではない

これからの国際社会は、AIの進歩によって、便利になる反面、人間にとって新たな脅威も生まれる時代になる。

生成系AIの代表格、「ChatGPT」のように、人間ではできない、驚くほどの速さで膨大な情報を収集し、人間に勝るとも劣らないロジックと表現力で整理・分析するツールは、大学入試をも大きく変えることになる。

二〇二五年の大学入学共通テストから新たに導入される「情報I」。試験時間六〇分、配点一〇〇点と設定された入試問題は、大学入試センターが公開した試作問題を見る限り、四つの大問が用意されている。

高校で学ぶ四つの単元のうち、「コンピュータとプログラミング」が、配点の約半分に当たる四六点分を占めていることが分かる。

しかし、プログラミングができればクリアできるのか、と問われると、けっしてそうではない。

学習指導要領の改訂で、「地理探究」など「探究」という言葉が多数盛り込まれたように、そして、高校だけ「総合的な学習の時間」が「総合的な探究の時間」という名称に変わったように、「情報Ⅰ」のベースにあるのも「探究」だ。

そうでなければ、生成系ＡＩの進歩と浸透は、人間がやるべき作業を代行させるだけに留まり、自ら課題を発見し、その解決に向けて情報を収集したり分析したりしながら、周りの人たちと協働して答えを導き出すという流れが損なわれてしまう。

自分で調べ、まとめる力が育たなくなり、挙句の果てに、ＡＩが弾き出した答えをチェックすることなく発表したりすることにつながりかねない。

つまり、「情報Ⅰ」の入試には、「プログラミングの力をつけてくださいね」という意図だけでなく、別の狙いが込められているのだ。

「情報Ⅰ」の試作問題は、ネット検索ですぐに見つかるので、保護者の皆さんの目で確認していただきたい。

パッと見た印象は、「これ、国語の試験？」と感じるほど、問題文が長い。数学の試験を思わせる数式や、社会科系の試験に出るような図表も盛り込まれている。

まさに、文系でも理系でもない「文理融合」型の出題スタイルで、図表・グラフなどを読み、意味を理解したり、必要な情報を取り出して整理したりするリテラシーを問う問題が並んでいる。そこには、文部科学省が情報教育を通じて込めた「探究」の狙いを読み取ることができる。

◇文部科学省が「探究」に込めた狙い
○生成系ＡＩを使いこなし、新しい知恵を生み出す人材の育成
○創造力やコミュニケーション能力に秀でた人材の育成
○文系、理系に共通する教養を持った人材の育成

筆者が大学で出会う若者は、スマホを駆使する能力には筆者以上に長けているが、パソコンのスキルはさほどでもないという共通項がある。まず、このスキルを上げるのが、これまでのＩｏＴ教育とすれば、これから問われる情報教育は、パソコンを使って、主体的に「探究」する時間でなければならない。

本来、学びは人間を自由にするものだ。ＡＩに取って代わられるのではなく、ＡＩを利用する力があれば、新しい自分の価値、将来を切り拓くことができ、自由度が大きくなるという共通認識を、学校と家庭で持つことが重要になる。

「はみがきよし」を実践する

筆者は、首都圏の大学で教える際、あるいは、学校関係者や保護者を対象にした講演に招かれたとき、次の平仮名六文字から成る心掛けを実践し、提唱してきた。

それは、「はみがきよし」である。

◇「はみがきよし」とは

○「は」＝話す。親子間での対話時間を増やす
○「み」＝見る。親子でいろいろなものを見に行く
○「が」＝書く。まとまった文章を書かせてみる
○「き」＝聞く。相手の話にきちんと耳を傾けさせる
○「よ」＝読む。親子で新聞や書籍を読む
○「し」＝調べる。日々の会話の中で出た疑問は書籍やインターネットで調べる習慣をつける

これが、すでに二〇二〇年以降の大学入試で問われ始めている「思考力・判断力・表現

力」の源になる。一例を挙げてみよう。

◇家庭で（あるいは学校でも）できる「はみがきよし」

○「日本の出生率は一・二あまり。毎年、人口が五〇万人強、減少している」というニュースをテレビで見る（新聞記事などを教材として学校で用いる）

○「どうして、日本の人口は減少し続けているのか」をざっと話し合う

←

○「このペースで人口が減れば、日本はどうなってしまうのか、私たちの暮らしにどのような変化が生じると思うか」を話し合う

←

○実際に、近くの介護施設、保育園や幼稚園などを外からでいいので見てみる

←

○「東京のような大都市圏と地方とでは出生率がどう違うのか」「東日本と西日本とでは差があるのか」「晩婚化や未婚化の現状はどうなっているのか」「晩婚化や未婚化が改善されれば出生率は上がるのか」など、インターネットなどで調べる

←

○少子化の要因となっていそうな点や外国ではどうなっているのかを書き出してみる
←
○政府が進めている少子化対策を調べ、何が足りないか、どこに目配りができていないかを話し合ってみる
←
○「今の日本には、こんな対策が必要」とそれぞれの意見を発表する

ここでは、日本で「静かな有事」と言われ、筆者自身が何よりも深刻な問題と考えている少子化を例に挙げたが、家庭や学校でこのような流れの「探究」ができれば、「はみがきよし」の六つの要素は網羅される。

何が問題かを思考し、様々なデータや事実から何を抽出し、そして関連づけるかを判断し、まとめて発表という形で表現する力が身につく。

さらに言えば、答えが一つとは限らないため、「解」を導き出したとしても、一定の「モヤ感」が残る。

実は、このモヤッとした感覚が大事で、

「さっきはそう考えたけど、本当にそれだけだろうか?」

「もっとベターな解決策があるのではないだろうか?」

などの疑問が、「もっと調べてみよう」という意欲につながるのだ。

ところが、現実はそうなっていない。

二〇二二年四月、東京大学社会科学研究所とベネッセ教育総合研究所が共同研究プロジェクトとして公表した「子どもの生活と学びに関する親子調査」では、「勉強しようという気持ちがわかない」と答えた高校生の割合が六割(二〇二一年の数字)を超えている。

これはコロナ禍で学校に行けなかったことが響いた形だが、「はみがきよし」の要素があれば、どのような状況であれ、子どもたちの中にモヤ感は醸成できる。

それが、これからの大学入試で求められる学力のベースになっていくと思うのである。

勝負は二次試験

子どもが国公立大学を受験する場合、ほとんどの大学で、大学入学共通テストに加え、二次試験として各大学の個別試験を受験することになる。

二次試験を課す大学では、大学入学共通テストに対して得点の配分が大きい大学、面接や小論文、グループディスカッションなどを課す大学が増えている。

これらの大学では、受験生の総合力、本書で繰り返し述べてきた二一世紀型学力が問われるので注意が必要だ。

○二次試験の配点が高い大学の例
東北大学（医、薬、理）、東京大学、東京藝術大学（音楽）、一橋大学、富山大学（理）、金沢大学（医薬保健）、岐阜大学（工）、京都大学、大阪大学（外国語、経済、理、医、歯、工、基礎工）、山口大学（理）、長崎大学（工）、鹿児島大学（歯、共同獣医）

二次試験重視の大学の姿勢は、二〇一六年度から始まった東京大学の推薦入試や京都大学の特色入試に似ている。

東大や京大のこれらの入試は、後述する総合型選抜入試に近いものの、大学入学共通テストを課すというところに特徴がある。個々の受験生の人物を見るだけでなく、「基礎学力もきちんとチェックしますよ」というもので、「人物を見る」が優先で、その次に「基礎学力を測る」というパターンだ。

二次試験重視の大学は、考え方は同じで、大学入学共通テストで学力を見たうえで、人物を見るという流れになる。

いずれの場合も、点数主義の枠を超え、アメリカのハーバード大学の入試に近い選抜方法に見える。

ハーバードをはじめとするアメリカの難関大学は私立だ。それらの大学は、SAT（全米共通テスト）の成績に加え、課外活動などの実績、推薦状の内容、そして、大学側が設定したテーマで書かせる「エッセイ」や面接で合否を判定する。

先に述べた、ハイパー・メリトクラシー的な、明確な基準がない要素が多分に含まれる入試と言うこともできる反面、総合力を測る意味では、今風の入試制度と言うこともできるだろう。

これはまだ推測の域を出ないが、筆者は、二〇二五年度以降、特に独自で特色のある入試問題を作成することができる有力な大学では、「学力＋人物」を見る入試が定着していくのではないか、と考えている。

そうなると、保護者の家庭教育に関する意識をパラダイムシフトする必要に迫られる。

「部活動もいいけど、適当に切り上げて勉強しなさい」

と注意していたのが、

「部活動も勉強もしっかり頑張ってね」

へと変わることになる。

そこそこ勉強ができるうえに、部活動やボランティアなどの課外活動で一定の成果を上げるなどして充実した高校生活を送った受験生がアドバンテージを得られる入試への変化……。

保護者からすれば、「勉強さえしてくれれば」の固定観念が崩壊してしまう受難の時代とも言えるが、社会の劇的な変化と子どもの行く末を思えば、こうした変化にアジャストしていくしか手はない。

本音のコラム（2）

「難関私大志望者の共テ利用は不利」

全国の私立大学の中には、大学入学共通テストだけで合否を決める大学が多い。いわゆる「共テ利用」というもので、受験生からすれば早々と合格を決められ、場合によっては「滑り止め」を確保できる受験機会として挑戦するケースが多い。

しかし筆者は、難関とされる私立大学になればなるほど、「共テ利用」（単独型）は損と考えている。その理由は、MARCH（明治、青山学院、立教、中央、法政）や関関同立（関西、関西学院、同志社、立命館）クラスの大学で、八五％前後の正答率が求められるからだ。

極端に言えば、大学入学共通テストで八〇％台後半の数字を叩き出せるのなら、旧帝大系の下位学部や、筑波大学、千葉大学、横浜国立大学、あるいは、神戸大学、広島大学あたりの上位国立大学は射程圏内に入る。「明治大学が第一志望で、千葉大学が滑り止め」といった受験生でない限り、受験料と体力がもったいない。一般入試で十分合格できる私立大学も、「共テ利用」になるとハードルが高くなる。本命の入試前に失望するのも損というものだ。

中堅私立大学でも七〇％以上の得点が必要になる。それなら得点に見合う国公立大学を選んだほうが、就職や家計への負担を思えばはるかに良い。

第三章

難関を目指すなら総合型選抜入試

総合型選抜入試とは何か

本章では、大学入試の中でも、この十年、最も注目を集めている総合型選抜入試について述べていく。それも、「難関大学を目指すなら総合型選抜入試がおすすめ」という観点で話を進めていこうと思う。

総合型選抜入試を最初に始めたのは慶應義塾大学だ。

一九九〇年、湘南藤沢キャンパスにある総合政策学部と環境情報学部で、調査書や志望理由書、それに小論文や面接などで合否を判定するＡＯ（アドミッションオフィス）型入試をスタートさせたのが始まりである。

次頁の図は、筆者が籍を置く東京・渋谷の総合型選抜入試専門予備校「洋々」が公開しているもので、全大学の二〇二二年度入試の種類別入学者を示したものだ。

総合型選抜入試での入学者の割合は、七〜八人に一人程度だが、今では私立大学の九割、国公立大学でも六割近くが、総合型選抜入試を実施していて、学校推薦型入試と合わせると、一般入試での入学者をしのぐまでに拡大している。

総合型選抜入試は、四年制大学だけでなく、筆者が非常勤講師を務めている東京経営短期大学のような短大でも力を入れているため、「大学入試＝一般入試」という先入観は捨てて、検討してみていただきたい。

およそ三〇年にわたり、ＡＯ入試と呼ばれてきた名称が「総合選抜入試」へと変化したのは、二〇二一年度からだ。

ＡＯ入試は、大学側にとって多様で優秀な学生を早期に確保できるメリットがあり、受験生にとっても一般入試より早く「合格」の二文字を手に入れることができるというメリットがあった反面、一部の大学で、学力試験を課さず、出願書類と面接だけで入学させる入試が横行したため、「あれは一芸入試だ」とか、「ＡＯは『アホでもＯＫ』の意味」などと揶揄されてきた。

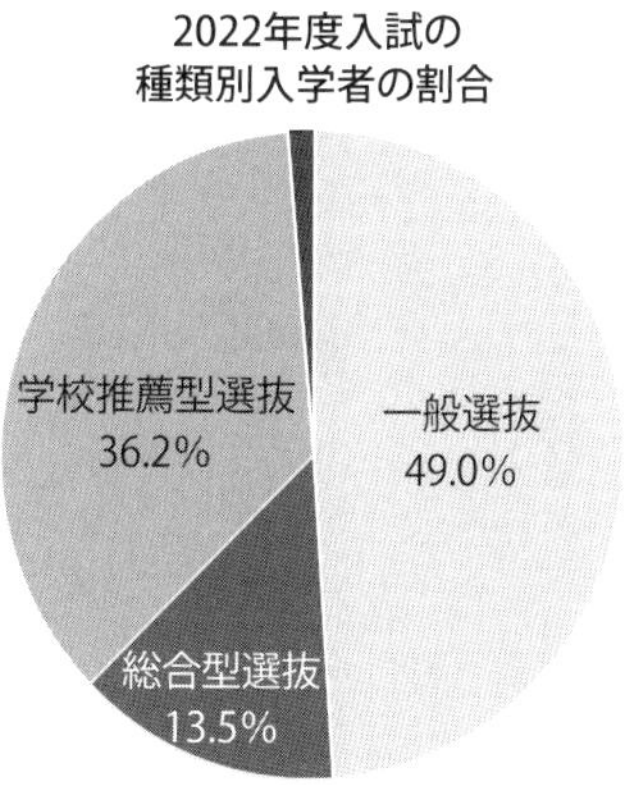

そこで文部科学省は、ＡＯ入試を衣替えし、何らかの学力評価を義務づける方向に舵を切ったのだ。

たとえば、やはり筆者が講師を務めてきた大妻女子大学では、学部や学科によって若干異なるものの、総合型選抜入試での学生の受け入れ方針（アドミッションポリシー）として次のように明記している。

「高等学校で履修する、国語、英語、家庭、数学、化学、日本史、世界史、現代社会、政治経済などについて内容を理解し、知識を有していること」

「日本語及び英語の基礎的能力（聞く、話す、読む、書く）を正確かつ十分に修得していること」

つまり、出願の際に自分で書く（実際には保護者や総合型選抜入試専門予備校などの先生方も手伝う）志望理由書や活動記録報告書などに加え、高校時代の成績、語学の民間検定試験でのスコア、そして入試当日に課される小論文の出来などでふるいにかけられることになったわけだ。

早稲田大学を例に見てみると、社会科学部の全国自己推薦入試では、高校の各科目の評定平均値が「四・〇」以上なければ出願できない。民間英語検定のスコアも必要になる。一次試験は出願書類で判定されるが、二次試験では小論文が課される。人間科学部のFACT入試も、求められる高校での各科目の評定平均値が異なる以外はほぼ同じだ。

また、早稲田大学が、法学部、商学部、文化構想学部、文学部、それに、人間科学部やスポーツ科学部の志願者を対象に、地域に貢献する人材を選抜し育成することを目的に設けた地域探究・貢献入試（旧「新思考入試」）も、最終的に合格するまでには、大学入学共通テストで八〇％程度の得点が必要になる。

前述した慶應義塾大学でも、二〇二二年度から、入学者選抜の出願要件に、「全般的な学業分野で極めて優秀な成績を収めたことを示せる者」といった内容を明記している。

その意味では、「アホではＯＫにならない」入試形態なのだが、一発勝負の一般入試とは違い、部活動や地域活動など、受験生の学業以外の部分が問われるという点で、思った以上に難易度が高い大学で合格を得やすい入試とも言える。

「偏差値で言えば、五〇を切っていた子が、あんな難関大学に……」

という例は、過去に幾度となく見てきたので、視野に入れない手はない。

総合型選抜入試のメリットは「下剋上」

保護者から見た総合型選抜入試の最大のメリットは、子どもを国公立大学に入学させることができるチャンスが拡がったという点ではないだろうか。

国税庁が毎年発表している「民間給与実態統計調査」を見ると、日本国民の平均年収は、概ね四〇〇万円台半ばで推移している。

「物価は上がり続けているのに賃金は一向に上がらない」

このような状況の中、私立大学に子どもを通わせれば、文系で初年度は一二〇万円程度、理系では、医学部を除いても、年間で二〇〇万円弱もの学費を納入しなければならなくなる。

国公立大学でも、初年度には八〇万円以上、納入しなければならず、年収四〇〇〜五〇〇万円世帯でこの金額を捻出するのは、相当きついというほかない。

それでも、私立大学に比べれば安いのは事実で、国公立大学入試で、総合型選抜入試を実施する大学が増えれば増えるほど、

「うちの子、大学入学共通テストと二次試験で合否が決まる一般入試では、国公立大学には届かないだろう」

「地元の国立に、が理想だけど、厳しそうだから、県内にある私立に、奨学金を借りてでも行ってもらうか……」

などと考えている保護者にとっては、プラスに作用する可能性が高い。

文部科学省は、国公立大学に対し、学校推薦型と総合型選抜入試による入学者枠を拡げるよう働きかけているため、総合型選抜入試で言えば、定員の二〜三割程度には増えていくだろう。

そうなれば、国公立大学を最初からあきらめる必要はない。

たとえば、東北大学では、文学部・教育学部・法学部・理学部・医学部（医学科・保健学科）・歯学部・工学部・農学部で、大学入学共通テストを課さない総合型選抜入試を実施している。九州大学の共創学部と教育学部でも同様だ。

また、東京工業大学でも、二〇二四年十月の東京医科歯科大学との統合を前に、「女子枠」を設けて、学校推薦型ならびに統合型選抜入試を導入している。

ほかにも、学部が限定されていたり、募集人員が若干名だったりするケースがあるものの、お茶の水女子大学、筑波大学、広島大学など、旧帝大に準ずるレベルの大学でも、大学入学共通テストが課されない入試を実施しているため、某予備校の広告のフレーズではないが、「なんで、わが子が国立に?」となる可能性が出てくる。

総合型選抜入試のメリットはほかにもたくさんあるのでまとめておこう。

◇総合型選抜入試のメリット

○国公立大学に合格できたり、子どもの学力より一～二ランク上の大学に合格できたりする「下剋上」のチャンスがある

○一般入試より早く合格でき、余裕を持って入学シーズンを迎えることができる

○秋が入試シーズンなので、季節性インフルエンザなどを気にせずに済む

○出願書類に志望理由を細かく書く必要に迫られるため、目的意識を高く持って大学に入学できる

○高校生活の充実が期待できる

これらのうち、「高校生活の充実が期待できる」のは、「受験勉強で貴重な青春の三年間が終わってしまった」ということが避けられる以外に、総合型選抜入試突破には、「出願までの高校生活」がカギになるからである。

総合型選抜入試で出願するには、個々の生徒に関して記載した調査書が必要になるのだが、この調査書に記載する事項が増えているのだ。

◇調査書の項目

○学習における特徴など

○行動の特徴、特技など

○部活動、ボランティア活動、留学・海外経験など（具体的な取り組みの内容、期間など）

○取得資格、検定など

○表彰・顕彰などの記録（各種大会やコンクールなどの内容や時期など）

○その他（生徒が自ら関わってきた諸活動など）

難関大学の中には、各科目の評定平均値以外に、「この受験生は何をやってきたか」を見る大学が多い。

受験生にとっては、高校時代を、どのような意識を持って過ごしてきたかが問われるため、受験対策＝日々の充実、につながるということになる。

一般入試合格組より成績が良い

先の項で総合型選抜入試のメリットとして挙げた「目的意識を高く持って大学に入学できる」という点は、大学入学後の学びにも影響を与える。

筆者はこれまで、非常勤講師のほか数多くの大学でゲスト講師に招かれ、政治や国際情勢を語ってきたが、その中で感じてきたのは、特に難関とされる大学、日東駒専（日本大学、東洋大学、駒澤大学、専修大学）、あるいは産近甲龍（京都産業大学、近畿大学、甲南大学、龍谷大学）と呼ばれる中堅以上の大学では、当時のＡＯ入試組のほうが、一般入試組の学生に比べ授業に前向きという点だ。

筆者の問いに自ら手を上げて答えようとする学生や、授業の後、質問に来る学生に聞けば、一般入試組ではなく、学校推薦型や総合型選抜入試で入学してきた学生がほとんどだ。

「入学当初、親しくなった子から『どうやって入学した？』と聞かれ、総合型選抜で、と答えるのが恥ずかしかった」

これは、上智大学の総合型選抜入試である「推薦入学試験（公募制）」で入学した学生の声だ。こうした声は、早稲田大学や明治大学の学生からも聞かれるフレーズである。

動画配信サービスのYouTubeなどを見ると、難関大学正門前での学生インタビューで、

「何だ、総合型選抜かよ」

「一般入試じゃないの？　じゃあ、たいしたことないじゃん」

などと皮肉る出演者がいたりするのだが、実際のところ、総合型選抜入試を経て入学した学生たちは、そんなにバカじゃない。

事実、東北大学が、ＡＯ入試と呼ばれていた時代の二〇〇〇年から九年間かけて追跡調査した結果では、ＡＯ入試で合格し入学した学生のほうが、一般入試組に比べ留年しないで卒業する割合が高くなっている。

成績もＡＯ入試組や推薦入試組のほうが、全学教育、専門教育ともに一般入試組よりも成績が良好（「大学入試研究ジャーナル」第二一号、二〇一一年三月）であることが明らかになっている。この傾向は今もなお変わらない。

慶應義塾大学でも、

「ＡＯ入学者は入学時に期待され、評価された特性を入学後も失うことなく伸ばしながら、学業評価においても入学経路別の集団比較では常に最も高いことが確認されている」

といった分析結果（*KEIO SFC JOURNAL* VOL.14 No.1　2014）を出している。

もちろん、東北大学や慶應義塾大学を狙おうかと考える受験生は、そもそも基礎学力がしっかりしていると言えなくもないが、先に述べたように、現在の総合型選抜入試は、学生の合否を判断する際に何らかの学力考査を課している。

しかも志望理由書では、「なぜ、うちの大学を受けたのか」、「法学部では何を学びたいのか」、「そう考えた経緯は何か」、そして「それをどのように将来に活かそうと考えているのか」を詳細に書く必要がある。

意識高い系という言葉は、ネガティブな言葉として使われることもあるが、総合型選抜入試は、ある程度、意識が高く、過去から気づきを得て、大学での学びによって将来へとつなげようとするマインドがある受験生が合格を手にする制度なのだ。

後ろめたさや劣等感を感じる必要などさらさらない。むしろ、「総合型選抜入試組は偉い」と思うくらいの気構えで、堂々とチャレンジし入学してほしい。

早慶は大学からが一番入りやすい

総合型選抜入試のメリットとして、国公立大学が射程に入ることのほかに、一～二ランク上の大学に合格できる「下剋上」の可能性に触れた。

筆者もそうだが、保護者なら誰しも、子どもを少しでも上の大学に入れたいと願うものだ。

就職活動で「学歴不問」にする大手企業が増え、社会に出てからも「学歴」以上にコミュニケーション能力や協働性が問われるようになったとはいえ、これまでの固定観念を完全に崩すまでには至っていないのは、長年、定着してきた大学間のヒエラルキーと子を持つ親の性《さが》が背景にある。

その典型が、小学校受験や中学受験における早慶人気だ。

私学の雄と言われる早稲田と慶應義塾は、保護者の間で、昔も今も「難関ではあるが、頑張れば手が届く」存在としてとらえられてきた感がある。

「東京大学や京都大学が無理なら、せめて早慶に……」

このように考える、特に首都圏の保護者は、小学校受験や中学受験で早慶の付属校や系属校を受験させる。

どうしても早慶の大学に進ませたいなら、早稲田佐賀、早稲田摂陵、早稲田渋谷シンガポール校、慶應ニューヨーク学院あたりが狙い目だが、学校によっては、大学への進学者の割合が低い、あるいは学費が高く、親元を離れての生活費も考慮しなければならないといった問題に直面してしまう。

そう考えると、早慶を目指すのであれば、大学からがベストということになる。

ただ、一般入試での門戸は狭くなる一方だ。

二〇二三年度の募集定員で見ると、一般入試での入学者が占める割合は、早稲田が五七・四%、慶應義塾が五七・一%と、いずれも六割を切っている。付属校などからの進学、指定校からの進学、それに学校推薦型や総合型選抜入試での入学者が四割を超えている計算になる。

背景には、少子化で受験生の数が減少していること、地方創生のため文部科学省が大都市圏の大学定員を厳格化したことなどがあるが、総合型選抜入試で早慶を目指そうとするなら、追い風になる。

「うちの子は、良くてＭＡＲＣＨ。いや日東駒専クラスの中堅校かも……」

そう考えていても、一度、早慶のホームページを開いて、総合型選抜入試の要項や過去問を眺めてみてほしい。

スポーツや文化芸術面で、都道府県大会レベルの活躍をした子ども、あるいは、英語だけ突出してできる子どもであれば、特に文系学部は有利になる。

志望理由書で、「なぜ早稲田（慶應義塾）の○○学部なのか」が、これまでの体験や学びを理由にまとめられそうなら、十分に勝負になる。

入試要項で、直接、確認していただきたいが、特に慶應義塾の場合、総合型選抜入試を実施している学部の定員が他大学に比べて多い。

総合政策学部や環境情報学部のように、複数回、挑戦できる学部があること、そして、仮に総合型選抜入試で失敗したとしても、一般入試で課す科目（外国語と小論文など）と共通点が多いため、切り替えがしやすいという特徴もある、

また、早稲田大学では総合型選抜入試を導入している学部のほとんど、慶應義塾大学でも法学部は、地方の高校生が有利になるよう配慮されている。

首都圏以外の早慶ファンは、「憧れの早慶を母校にできるチャンス」と受け止めてほしい。

ちなみに、上智大学はもっと入りやすい。

――意外かもしれませんが、上智大学の公募制推薦入試は、非常に低倍率になっており、出願要件を満たし、書類試験と面接の対策を積めば決して合格は難しくないのです――

これは、筆者がプロフェッショナル講師として籍を置く総合型選抜入試専門予備校の同業者が、ホームページ上で公開している文言である。

上智では、九つの学部すべてで公募制の推薦入試を導入している。

「上智と言えば英語」のイメージが強いが、出願要件は、たとえば文学部の英文学科以外の学科や総合人間科学部、法学部法律学科や経済学部経済学科、それに理工学部では、英検二級、TOEFL iBTで四二以上あれば出願できる。

これに調査書、高校の校長による推薦書、自己推薦書、ならびに課題レポートを提出すれば、例年、一・五倍から三倍程度の競争率を勝ち抜くことは可能だ。

早慶の場合は、学部によって、六倍から八倍前後の高い競争率になるが、上智を第一志望にするなら、「難関だから無理」と決めつけずチャレンジさせてほしい。

総合型選抜入試に向いている子ども

ここまでは、総合型選抜入試で受験すれば、国公立大学や早慶上智合格が視野に入るというメリットについて述べてきたが、この項では、講演などの際、保護者から決まって出る質問に答えようと思う。

それは、「どんな子が総合型選抜入試に向いているのか？」という問いだ。では、その問いに対する答えを列記しておこう。

◇総合型選抜入試に向いている子ども

○志望校が明確で、「どうしてもこの大学で学びたい」という熱意がある子
○将来、就きたい仕事が漠然とでも見えている子
○自分独自の「世界観」を持っている子
○文章力があり、人前で発表するのが得意な子
○行動力がある子
○部活動や委員会でリーダーを務めたり、周りに語れる経験を持っている子
○保護者から見て、学力以外の部分で評価できる点がある子
○他の教科はさておき、英語だけはできる子

これらのうち、半分程度当てはまれば、十分狙えると考えている。では、逆に、不向きな子はどういうタイプだろうか。

◇総合型選抜入試に向いていない子ども
○主要科目がまんべんなくでき、面接や小論文で勝負するよりも、大学入学共通テストや各大学の個別試験で高得点が狙える子
○自分について、あるいは、自分の将来に関して何も考えていない子

○志望校に関して「自分の成績で行けるところでいい」と考えている子
○人前で話したり周りを引っ張ったりすることが極端に苦手な子
○部活動や委員会、学校以外の活動で特に成果を挙げていない子
○やりたいことはあっても行動が伴わない子
○基礎学力（各科目の評定平均値）が低く、特に英語の成績が悪い子

筆者の経験則から言えば、これらのうち複数に該当する子どもは、受験生の総合力が問われる入試では苦戦することになる。

ただ、過去に筆者が、国公立大学や早慶上智に合格させてきた高校生の多くは、どちらかと言えば、当時のＡＯ入試に向いていないタイプの子どもだった。

それでも、「私は総合型選抜入試で受けたい」という気持ちにさえなってくれれば、向いていない要素の大半は改善される。

保護者が、「総合型選抜入試なら、憧れの大学に受かるかもしれないね」と、背中を押してあげることがスタートラインになる。

そもそも、自分がやりたいことや将来像がはっきり見えている高校生などほとんどいない。

その一方で、子どもは個々にポテンシャルを持っているので、「何をするのが好きなのか」「何が比較的得意なのか」などは突き詰めていけば見えてくるものだ。

あとは保護者が、子どもの「得意なこと」や「好きなこと」を応援する姿勢を見せれば、総合型選抜入試で結果を出す素地はできる。

通っている高校が、地域のトップ校である必要もない。二番手校や三番手校で上位にいるほうが評定平均値を上げることができるので有利だったりもする。

次に、「いつから準備をすればいいのか？」という質問に答えたい。

◇いつから対策を始めたか（二〇二三年八月。同年春、総合型選抜入試で志望大学に入学した大学生への独自調査。サンプル数五〇）

○高校二年の冬　十九人
○高校三年の春　十七人
○高校二年の秋　八人
○その他（高校三年の夏、高校入学時、あるいは「対策せず」など）　六人

中には、「夏の甲子園に出場したため、本格的な準備は三年の八月から」という猛者も

いるが、少ないサンプル数ながら、大半の子どもが高校二年の冬か三年になった春頃から準備を始めていることが分かる。これで十分間に合う。

基礎学力や英語力は、どのみち一般選抜入試でも問われるので、これはこれでしっかり勉強する形が取れれば、総合型選抜入試は高いハードルではない。

「志望理由書」が合否を分ける

総合型選抜入試や学校推薦型入試では、ほとんどの大学で志望理由書の提出が必須となっている。

志望理由書とは、文字どおり、「なぜ、その大学や学部を志望するのか」をアピールするための書類で、その量は、たとえば、早稲田大学社会科学部の場合、八〇〇字、慶應義塾大学法学部の場合、二〇〇〇字と、大学や学部ごとに異なるのだが、志望理由書を中心とした提出書類を一次試験と位置づけている大学が大半のため、この内容が明快で濃いものかどうかが、合否を大きく左右することになる。

事実、筆者が籍を置く総合型選抜入試専門予備校では、受験生とプロの講師、それに受験生が志望する大学に総合型選抜入試で合格した学生がメンター（助言者）としてつき、三人でチームになって志望理由書を完成させる形を取っている。

一人の受験生に志望理由書を指導する回数は八回。基本パターンで言えば、入塾して以降、学生とメンターで八回、志望理由書を書かせては、メンターが、「志望動機が弱い。なぜ、そう思ったのか、高校二年までのエピソードを詳しく」「やりたいことと志望する学部が矛盾しない？　その方向性で本当にいいの？」などと、その都度、助言を行う。

八回のうち三回は、筆者ら講師が入り、受験生とメンターで作成してきた志望理由書を、プロの目、大人の視点で吟味し修正を求める。そして出願直前になれば、受験生とプロの講師とで志望理由書をはじめ提出書類をすべて最終チェックするという念の入れようだ。

◇総合型選抜入試専門予備校の指導フロー（高校三年四月に入塾した受験生で、九月出願の志望校を想定）

○四月　志望校の確認、指導方針の説明など

○五月～八月　受験生とメンターの学生との間で八回、志望理由書中心に作成。このうち、三回、プロの講師が指導。受験生は「書いては指導を受けて修正」の繰り返し

○九月　志望理由書総仕上げ。受験生とプロの講師とで細部を詰めて完成。すべての書類を揃えて出願

志望理由書の基本パターン

① 将来の夢と入学への思い（序論）
私は将来、〇〇になりたいと考えている。そのために貴学の〇〇学部を志望する……

② 理由の説明（本論１）
そう考えるようになったきっかけは、高校１年の夏に経験した被災地でのボランティアだ。ボランティアでは……

③ 大学で何を学びたいのか（本論２）
これらの体験から、大学で△△や□□を学び、将来の夢である〇〇に活かしたいと考えている……

④ なぜ〇〇大学の〇〇学部なのか（結論）
貴学には△△という制度があり、□□などのゼミも開設されている。そこでの学びを、〇〇になるという夢の実現に活かしたい……

これらがセットになった授業料は四〇万円を超える。

予備校側がこの価格をつけるのは、それだけ志望理由書が重要という裏返しであり、受験生と保護者が「何を書けばいいの？」と最も悩む書類だからである。

総合型選抜入試専門予備校では、書類が完成すれば、今度は二次試験として実施される小論文や面接対策の案内をするのだが、志望理由書に関しては、図のような流れで書くことができれば、何も四〇〜五〇万円もの大金を予備校に払う必要などさらさらない。

まず、受験生である高校生がそれまでの自分を見つめ、「何が得意で、何をするのが好きなのか」を再認識することが出発地点になる。

そのうえで、「将来何になりたいのか」を漠然とでも考え、「そのためには、どの大学で何を学べばいいのか」を考えることが第二ステップとなる。

そこまで見えれば、そう考えるようになった高校時代の出来事、具体的なエピソードを洗い出せば、志望理由書の骨格はできる。

「何かの大会で入賞したこともないし、資格も持っていないし留学体験もない」

こういう高校生でもあきらめる必要は全くない。そういう受験生が大半なのだ。

高校の部活動や委員会活動で体験した些細なこと、たった一日の地域活動で気づいたこと、三日で辞めたアルバイトで感じたこと、愛読書やテレビ番組で印象に残っていることなどを思い起こし、志望理由書の本論の中に組み込めばいい。

大学側も、予備校で鍛えてきたような受験生は求めていない。無理をして予備校に通ったり、地方でオンライン指導を受けたりしなくても、受験生と保護者の総力で十分に戦える入試、それが総合型選抜入試だと思っている。

大学側と「FIT」することが大事

志望理由書の重要性を、二〇〇六年度から始まった慶應義塾大学法学部の総合型選抜入試（FIT入試）の入試要項から見てみよう。

――本来、入学試験とは、受験生の側が、自分の信じる理想と現実とをつきあわせて主体的に将来設計を行った末に抱く「この大学で、この学問を学びたい」という思いと、教える側の教員が、大学の社会的使命を自覚しつつ「こういう若者を、こういう方向で育て、社会に送り出していきたい」という思いとのマッチングから行われるべきものなのではなかったでしょうか――

法学部の入試要項には、毎年、決まってこのフレーズが登場する。これらの文言にもあるように、法学部の総合型選抜入試は、「この学生を教えたい」という教員と、法律学科や政治学科で学びたいという学生との間の良好な相性（ＦＩＴ）を実現するための入試制度となっている。

ただ、この意図は慶應義塾に限らず、総合型選抜入試で学生を確保する大学側と受験生すべてに求められるものだ。

次の文章は、筆者が指導していた高校生が成蹊大学経済学部の入試で志望理由書として作成したものだ。教員側に「ＦＩＴ感」を感じさせるものとして参考にしていただきたい。

――私の夢は、日本から海外へ留学する高校生や大学生、また逆に諸外国から日本へ留学する若者を支援するNPOを立ち上げることだ。

そのために財務会計論や経営戦略論、そして人的資源論を学びたいと考えている。

きっかけは、豪州への留学経験によるものだ。私がお世話になった現地のエージェントは、アジアからの留学生をシドニーなどの学校に送り込む事業を手掛けていたが、人員不足でメンタルケアを担当するスタッフが皆無という状態であった。

日本学生支援機構によれば、日本から海外に留学している人の数は約九万人。逆に来日する諸外国からの留学生も二四万人を数える。それ自体は歓迎すべきだが、その支援にあたる組織の脆弱さは大問題だと実感してきた。その解決のために、組織を立ち上げる上で必要な知識を、貴学での学びを通して得たいと考えている。

貴学のホームページで目に留まった言葉がある。それは、「現代社会で自らの個性と能力を発揮するために必要なのは、『問題を発見し、仮説を立て、データに基づいて解明・提案する』力」というものである。

たしかに、課題は発見できたとしても、その背景について考え、具体的なエビデンスを集めて結論を導き出せなければ何の説得力も持たない。

貴学の経済学部には、二年次からゼミが履修でき、アドミッションポリシーで明記されているように、教員と学生、学生同士の討論形式で学ぶことができる舞台が整えられている。このことは、私にとって大きな財産になるのではないかと思う。

私は貴学部経営学科のゼミを、数々の気づきを得るアリーナ（闘技場）のような場として利用し成長していけたらと考えている――

この志望理由書で参考にしてほしいのは全体の構成だ。

留学経験などない高校生でも、別の体験を盛り込み、こうした流れで書けば、大学の教員を「教えてみたい」という気持ちにさせられるのではないだろうか。

合格のヒントは入試要項にある

前述したように、総合型選抜入試で合格するには、大学側の「こんな学生を取りたい」という狙いと受験生側の「ここで学びたい」という意思がＦＩＴするかどうかにかかっている。

大学側からすれば、一点刻みの得点で決まる一般入試では必ずしも求める人材を確保できるとは限らない。その点、総合型選抜入試であれば、少子化で受験生の数が減る中、早期に欲しい学生を囲い込むことができる。

したがって、受験生は、「志望する大学がどんな学生を求めているか」を把握し、それに合わせた形で、出願に必要な志望理由書などの書類を作り込んでいけば、合格の可能性を高めることができる、ということになる。

大学側が求める人材を把握するには、各大学が入試シーズンに先がけてホームページなどで公表する入試要項を熟読することが一番だ。

受験生である高校生もその保護者も、受験資格や手続き、過去問や近年の競争率だけに目を奪われ、入試要項の冒頭に明記されている「求める学生」に関する項目は、軽く読み飛ばしてしまうことが多い。

しかし、この部分に、大学側の「こんな受験生に来て欲しい」という思いが凝縮されているのだ。

慶應義塾大学総合政策学部と環境情報学部を例に見てみると、SFC（湘南藤沢キャンパス）にある二学部の要項にはこうある。

――「SFCであなたは何を学びたいのか」が出発点です。SFCはみなさんに、それぞれの学部の理念や内容をよく理解したうえで「SFCでこんなことを学びたい」というあなた自身の「問題意識」や「テーマ」を持って入学してくれることを期待していますもう一つ、早稲田大学創造理工学部建築学科の入試要項をチェックしてみよう。

――わたしたちの暮らす現代の日本は、地震・台風・大雪などの厳しい自然条件に加え、地球環境問題、少子高齢化、あらゆる分野での国際化などに直面し、安全で快適な生活のために、国内はもとより世界中のそれぞれの地域に根ざした建築や都市の在り方が問われ、多くの国際的な貢献のできる建築の専門家が必要とされています。建築学科では、創造性豊かで、指導力に富み、率先してチームをまとめあげる活発な学生の入学を期待していま す――

このように、「こんな学生が欲しい」と明記してくれているのだ。

これらに沿って考えれば、慶應義塾大学のＳＦＣにある二学部の場合は、志望理由が明確で問題意識が高い受験生を、そして、早稲田大学創造理工学部建築学科の場合は、時代の変化に合わせ、豊かな発想力で国内の各地域や国際社会で活躍できる素地がある受験生を求めていることが分かるはずだ。

「入試要項の前半に何が書かれていましたか？　ちゃんと読みましたか？」

「合格したいのなら、志望理由書を書く前にまず、入試要項の特に前半部分を読んでください」

改めて、このように申し上げたいと思う。

総合型選抜入試の「穴場」、MARCH

総合型選抜入試は、一般入試では分からない多様な学力を測る試験だ。そして下剋上が起きやすい試験ということは先にも申し上げたが、それは早慶上智といった難関大学だけでなく、MARCHクラスの大学にも当てはまる。

MARCHと呼ばれる各大学の一般入試以外の入学枠は案外少なく、明治大学の場合、一般入試で二万人以上が合格するのに対し、総合型・推薦入試では二〇〇人あまり、最も力を入れている中央大学でも、一般入試合格者が一万七〇〇〇人前後なのに対し、総合型・推薦入試では、全学部を合わせても七〇〇人程度だ。

これは、それぞれの大学に付属校や系属校が多く、そこからの大量入学が見込まれているためと見られる。

では、「狭き門か？」というと、けっしてそんなことはない。

本音を言えば、一般入試で受ければ日東駒専あたりと目される高校生でも、総合型選抜入試なら、ＭＡＲＣＨに手が届く可能性が高いのだ。

これも本音を言えば、先々の就職活動を見据えた場合、ＭＡＲＣＨと日東駒専では大きく違う。

近頃は、採用試験で「学歴不問」とする企業が増加傾向にはあるものの、いまだに、大手企業の場合、ＭＡＲＣＨだと学歴フィルターにかからず、日東駒専だとかかってしまうケースが多い。その意味では、

「ＭＡＲＣＨクラスの大学に入ること＝職業選択の自由度を増やすこと」

という図式も成り立つ。

したがって、ＭＡＲＣＨや関関同立クラスの大学に子どもを入れたいと考えている保護者、あるいは「どこを受けようか」と検討している高校生は、各大学の入試要項を読んだうえで、挑戦するか否か、判断してほしい。

◇総合型選抜入試でＭＡＲＣＨや関関同立を狙う際、確認しておくべきこと

○「どんな学生を求めているか」を、入試要項でチェック

○「どの学部で実施されていて、出願条件は自分に当てはまるか」をチェック

○「出願書類、試験内容、実際の入試での競争率」をチェック

MARCHの場合、学部が多く、それぞれに特徴がある。ここでは穴場的な学部がこんなにあるという点だけ、二〇二三年度入試の実情をもとに紹介しておきたい。

◇総合型選抜入試でのMARCHの穴場の学部（※出願要件は年々変わるので注意）

○明治大学　商学部で商業高校出身者対象の公募制特別入学試験があり、競争率は一〜二倍程度と低い。文学部の出願に必要な各科目の評定平均値「三・五」と低め

○青山学院大学　他学部は民間英語検定試験のスコア提出が条件になっているが、コミュニティ人間科学部にはそれがない

○立教大学　穴場の学部はないが、文学部の競争率が教育学科を除き低め。民間英語検定のスコアが高い受験生は相当有利

○中央大学　基本は「合格すれば入学」が前提の総合型選抜入試で、他大学や他学部との併願を認めているため、滑り止めにできる

○法政大学　他大学に比べ競争率が各学部とも二〜三倍と低め。半年以上の留学経験があれば有利

東大・京大が先がけた「総合力を見る入試」

東京大学と京都大学が二〇一六年度入試から、定員を一〇〇人に限定してＡＯ型の入試を実施し、話題になった。

東京大学の場合は推薦入試と呼ばれ、今の学校推薦型選抜入試に近い方式。一方の京都大学は特色入試と名づけられ、現在の総合型選抜入試に近い形だ。

「東大か京大にＡＯで入れるの？」

受験生も受験界も一瞬沸き立ったが、東大の場合、出願の際、論文や科学オリンピックなどでの受賞歴、民間英語検定のスコアなどが必須だ。

京大も「平均評定四・三以上」といった条件のほか、高い語学力の証明が必要な学部もある。しかも、両大学ともに大学入学共通テストが課される。

「こんな高いハードルを越えられる高校生なら一般入試でも受かるよ」

と感じた方も多かったのではないだろうか。

とはいえ、東大の推薦入試や京大の特色入試はよくできた入試制度である。受験生の総合力、言い換えれば、「高い学力の有無を測る＋人物を見る」入試制度だからだ。

実際に、東大の教授陣に取材すると、

「いわゆるAO型入試の導入で、女子や地方の学生が増加し、多様で優秀、とんがった学生を集めることができている」

といった声が聞かれる。それは、東大に限らず、京大や早慶などにも共通することではないだろうか。

形式は大きく異なるが、総合力を測る入試は他大学でも実施されている。前述したお茶の水女子大学は、新フンボルト入試と銘打って、総合型選抜入試を実施している。

文系の場合、プレゼミナールという大学の授業を受講し、そこでのレポートなどで一次選考が行われ、二次選考では図書館を舞台に文献や資料を使いながらのレポート作成やグループディスカッションで判定が行われる。

理系の場合はプレゼミナールがなく、レポート作成は図書館ではなく実験室で実施される。

いずれもペーパーテストでは測れない力を丁寧に見極める入試で、筆者は、総合型選抜入試の中では、最も進んだ方式と見て注目してきた。

大学入学共通テストに参加し、その成績で合否を決めるような入試とは異なり、大学側にとっては手間暇がかかる入試になるが、それでも、一般入試では測れない力を見るという入試は、規模が大きくない大学にも拡大している。

その代表格の一つが、大阪女学院大学の国際・英語学部の国際・英語学科だ。

大阪女学院大学では、受験生に事前課題に取り組ませた後、学科での学びと関連がある四つのフィールドワークから、興味のあるものに参加してもらうという入試を実施している。

実際に店舗や企業、空港や繁華街を訪れて考えをまとめるというのは、まるでゼミだ。ただ、大学側は、この体験が入学後の学びにもつながると判断している。

総合型選抜入試の二次試験で、受験生にテーマを与え、プレゼンテーションをさせるような大学も増えている。

今後は、国公立や私立を問わず、総合力や人間力を問う入試が、総合型選抜入試のメインストリームになっていくと考えていい。

医学部にもある総合型枠

総合型選抜入試の波は、医学部にも拡がっている。第一章で順天堂大学医学部の入試問題の一例を紹介したが、将来、卒業生が医師となる医学部こそ、読み書き計算能力の高さ以外に、受験生の総合力や人間力が問われるからである。

転職・就職プラットフォームを運営するオープンワークの調査によれば、東京大学出身者の三〇歳時点での平均年収は約七六〇万円、四〇歳時点での平均年収は一一〇〇万円弱だ。

これに対し、厚生労働省が発表した「第二三回医療経済実態調査」(二〇二一年実施)によれば、病院勤務医の平均年収は、一四六〇万円と圧倒的に高い。

ここ数年、新型コロナウイルスの感染拡大や地方での医師不足によって、勤務医の残業時間は増える一方で、一か月の残業時間が一〇〇時間を超えるケースもあるなど、過酷な勤務実態が表面化してはいるが、収入だけを比較すれば、各地の進学校のトップ層が、「東大より医学部を目指そう」と考えるのは自然なことだ。

ただ、歯学部の学生もそうだが、医学部の学生は、六年間の学修中に、自分の大学が実施する進級試験や卒業試験にパスするだけでなく、臨床実習前と後に全国統一試験を受け、合格しなければならない。

その合格者が、国家試験に臨むことになるのだが、全国統一試験を実施している公益社団法人医療系大学間共用試験実施評価機構は、知識の修得状況の評価と、技能や態度の評価の両方を重視している。

これは、これまでの医学教育が知識偏重になっていた反省から、どのような患者に対しても責任を持って対応するという技能や態度も重要と考えているからにほかならない。

その意味では、二〇二三年現在で、十二の国公立大学、十の私立大学で行われている総合型選抜入試は、知識以外の部分もしっかりと測る入試と言える。

「医学部受験を総合型選抜入試で」と考えている高校生やその保護者は、各大学の入試要項を確認していただきたい。高校での高い評定平均値を求める大学や、大学入学共通テストを課す大学が多いのは事実だが、それ以外の面が評価されることがお分かりいただけるはずだ。

総合型選抜入試は就活や院試にも役立つ

筆者が、総合型選抜入試での受験を勧める理由はまだある。大学入学後、数年で待ち受ける企業へのインターンシップや就職活動、あるいは大学院入試にも役立つという点だ。

◇就職活動（採用試験）のフロー

○三菱商事（二〇二四年度卒総合職の場合）

●エントリーシート→筆記試験→一次面接→二次面接→最終面接

○トヨタ自動車（同）

●エントリーシート→WEBテスト→一次面接→二次面接→最終面接

○オリエンタルランド（同）
●エントリーシート→WEBテスト→グループディスカッション→一次面接→最終面接

代表例を三社挙げたが、エントリーシートで書く内容は、多くの企業で、「志望動機」、「自己PR」、「学生時代に最も力を入れてきたこと」、それに「あなたの個性や能力を入社後にどう役立てたいか」などが中心だ。

これらの問いは、総合型選抜入試で大学側に提出する志望理由書そのものだ。

つまり、総合型選抜入試で提出書類を作るという作業や二次試験への対策をするという行為は、自分を見つめ直す機会になると同時に、面接やグループディスカッションなど、先々の就職活動の予行演習にもなるということだ。

近頃では、大学三年生の多くが臨むことになるインターンシップでも、企業側が参加者を絞るため、エントリーシートを書かせ、面接も課したりしているが、総合型選抜入試を経験していれば、ゼロの状態から対策を練るよりははるかに楽だ。

これは、大学院入試も同じである。

筆者は二度、それぞれ修士と博士で院試を経験しているが、いずれも重視されるのが、志望理由や研究計画、それに民間英語検定など外国語のスコアと面接であった。

ただ、これも、総合型選抜入試と要領は大きく変わらないので、先に一度、似たような手続きを踏んでおけば、抵抗なく臨めることだろう。

総合型選抜入試の欠点とは

ここまでは総合型選抜入試のプラス面を述べてきたが、マイナス面についても触れておきたい。

◇総合型選抜入試のマイナス面

○併願しにくい

総合型選抜入試は、「貴学の〇〇学部に入りたい」を明確に打ち出すものなので、一部の大学を除いて併願ができない。併願し、どこかの大学を蹴ることになれば、以降、所属する高校から採ってくれなくなる恐れもある

○一般入試への切り替えが難しい

専願で総合型選抜入試に挑み、不合格になった場合、一般入試に切り替えるしかなくなる。ただ、大半の大学で合否が十一月や十二月に判明するため、不合格が判明して

から、大学入学共通テストや個別の入試に対応するのは難しい
○高校生活での学校以外の体験は地方の高校生に不利
留学、実地見学、ボランティア活動など、大都市圏の高校生のほうが機会を得やすい。大都市圏の大学は、地方の高校生を求めているものの、学外での体験の多寡は大都市圏の高校生に分がある

筆者が高校生を指導する中で感じてきたのは、これら三つだ。

総合型選抜入試で出願する場合、学校長の名でもらう調査書や、大学によっては担任教諭の推薦書が必要になる。

当然ながら、大学側は、「合格したら必ず入学する」ことを念頭に選抜するため、学校側も「合格したら必ず入学させる」ことを前提に書類を作成しなければならない。

したがって、ほとんどの高校で、「A大学とB大学に出願したい」は認めず、「A大学の不合格が決まってからB大学用の書類を作る」という形にしている。

受験生からすれば、試験の点数だけでは決まらない、ハイパー・メリトクラシーの入試に、事実上、一発勝負で臨むというリスクを抱えることになる。

「手始めにA大学を受け、その合格を保険にして本命のB大学に」

という作戦も採れない。

中には、一般入試と掛け持ちしている高校生もいるが、総合型選抜入試の出願書類作りは過酷で、完璧なものに仕上げようとすればするほど、大学入学共通テストや個別の一般入試対策に時間が割けなくなる。

たとえば、総合型選抜入試で早稲田大学を受ける受験生が、もしもに備え、一般入試の対策も進めるとすれば、早稲田よりは一ランクか二ランク落ちる大学にしか合格できないリスクも覚悟しておこう。

また、新型コロナウイルスのような感染症が流行すれば、スポーツや音楽などの大会が軒並み中止になってしまう。

夏休み中にボランティアをしたり、海外へ短期留学したりもできず、志望理由書や自己推薦書に記載するはずだった高校時代の活動実績がアピールしにくくなる。

本音のコラム③ 「難関大学は専門塾が大嫌い」

総合型選抜入試において慶應義塾大学など難関大学の担当者が口を揃えて語るのが、「専門塾、専門予備校は大嫌い」ということだ。

しかし、大半の受験生は予備校に通い、そこで徹底的に入試のイロハを叩き込まれる。予備校で「訓練」を受けてきた受験生は画一的で、教授陣との面接でもいかにも訓練を受けてきましたという模範的な受け答えをする。

そのようななかで、ある大学では、「専門塾の受験生があっと驚くような出題をしてやろう」と毎年、虎視眈々と問題作成の準備をしているという。

子どもの総合力や人間力は日々の生活の中で身についていくものだ。軍隊のように特訓を受けた受験生は、大学側に見抜かれソッポを向かれかねない。

総合型選抜入試の勝手が分からないので利用するというなら、筆者が籍を置いているような専門予備校はおすすめだが、「型にはめた指導」をしがちな部分があるのは否めない。一番大切なのは、子どもの個性を尊重すること。専門塾や専門予備校に全面的に依存するような利用法はやめたほうがいい。

第四章

高学歴を手に入れさせる方法

どのルートで山頂を目指すか

保護者にとって、子育てのゴールは「少しでも難易度の高い大学に合格させること」ではない。それはあくまで通過点に過ぎない。

言うまでもなく、大学入試の結果はどうあれ、社会に出て自立できる子ども、自分の頭で考え、判断し、周りと協調しながら行動したり、自分の考えをきちんと表現できる子どもに育てることがゴールだ。

とはいえ、大学進学率が五割をゆうに超える今、保護者からすれば、「子どもがどの大学に進学するか」は大きな山だ。箱根駅伝にたとえれば、最終十区での目標が自立とすれば、大学入試は上りの五区のようなものだ。

ただ、そのルートは、箱根駅伝とは違い、いくつも用意されている。子どもの中で受験したい大学が見えてきた段階で、親子一緒に、どのルートを走るのがベストかを検討することをおすすめしたい。

いくつかルートを挙げてみよう。

◇志望する大学に入学するまでのルート

○一般入試で受験＝通常の入試パターン。大学の難易度に見合う学力が問われるが、強化方法が従来通りのため対策が立てやすい。その反面、予備校代のほか、複数の大学を受験するための受験料や旅費がかさむ
○指定校推薦入試で受験＝高校での高い評定平均値が必要。早慶などの場合、校内選考が熾烈。出願すればほぼ合格できるが、他大学との併願はできない。国立大学にはこの制度がない
○学校推薦型選抜入試で受験＝同じく高校での高い評定平均値、課外活動での実績が重視される。学校長から推薦される形だが、人気の大学・学部では高い競争率になるため「出願＝ほぼ合格」とはいかない
○総合型選抜入試（自己推薦含む）で受験＝「一芸入試」と呼ばれた時代とは異なり、小論文やグループディスカッションなどで学力を測るため、一般入試とは別の対策が必須。ただ、ランクが上の大学に合格する下剋上は起こしやすい
○帰国生入試で受験＝海外留学期間が大学側の条件に合致しているかを確認する必要がある。高い語学力が求められるほか、高校時代、日本の教育を受けていないため、国語や地理・歴史などの自己学習が必要になる
○付属校からの進学＝ほぼ全員、系列の大学に進学できる高校と、数割程度しか進学で

きない高校があるため、進学条件を確認しておく必要がある。ほぼ全員が進学できる場合でも、人気学部へは成績上位者しか進めない

以上、六つのルートでメリットとデメリットをまとめてみたが、一発勝負の一般入試を除けば、どのルートもある種の曖昧さを含んでいるので注意しておきたい。

指定校推薦の場合、地域のトップ校や準トップ校には、早慶上智やMARCH、関関同立クラスの推薦枠があるが、推薦枠がない高校は、中堅以下の私立大学の中から出願先を選ばなければならなくなる。

高校生の中には、「後伸び」（高校入学後、学力がアップ）する子どもも大勢いるため、焦って指定校推薦枠に飛びつき、中堅以下の大学で妥協してしまうと、先々、後悔することになるかもしれない。

また、指定校推薦入試や学校推薦型選抜入試の場合、評定平均値が同じ子どもが一枠を争うような場合、どうしても学校受けが良い子が有利になったり、いまだに地元の名士の子女が優先されたりする事例も存在するので留意しておこう。

大学付属校は「銅メダル」狙いと同じ

本書を手にされている皆さんの中には、子どもを大学の付属校に通わせているという方も多いと思う。そうでない方は、この項は読み飛ばしていただいて構わない。

率直に言えば、付属校から系列の大学に進学することは、オリンピックなどで言う「銅メダル」狙いと同義だと思っている。

確実にメダルを狙える点ではプラスだが、それ以上の「金メダル」や「銀メダル」を諦めなければならないデメリットも存在する。

「中高一貫の六年間で考え方が変わり、学力も伴ってきたので、本当は○○大学に進みたいのだけど、系列の大学に進んだほうが確実で楽」

という気持ちに傾いてしまうと、誤った選択をしてしまうリスクもはらむ。

たとえば、系列の大学に医歯薬系の学部がない、音楽系の学部がない、あるいは、系列の大学よりも難易度の高い他の私立大学や国公立大学に進学したいと考えるようになったケースなどがこれにあたる。

大学付属校の場合、もう一つリスクが存在する。

筆者が、自分の子どもの受験で経験したことだが、大学付属校の中で系列の大学への進学を前提にしている高校の場合、指定校推薦入試はさておき、学校推薦型選抜入試や総合型選抜入試で他の私立大学を受験しようとすると、

「学校側としては一校しか書類は作りませんよ」

「他大学を受けるということは、系列の大学への推薦は辞退すると考えていいですね？」

などと、平たく言えば「いい顔」をしてもらえないのだ。

子どもが通う大学付属の中高一貫校から系列の大学への進学率が高い場合、同様の問題に直面する可能性が高いので、早めに確認しておきたい。

もっとも、近頃では、大学付属校の中にも、他大学への進学に寛容な高校、あるいは、むしろ積極的に後押ししている高校も増加している。

◇他大学への進学が容易な大学付属校

○大学への内部進学資格を留保したまま、他大学受験ができる高校

首都圏では、明治、中央、法政、学習院、成蹊、明治学院、日本女子、大妻女子、共立女子の付属校など。関西圏では、関西、同志社、立命館、甲南の付属校など。「系列の大学にない学部であれば」「一大学一学部まで」、もしくは「高校三年の十二月までに結果が分かる総合型選抜入試や学校推薦型選抜入試であれば許可する」といった条件つきの学校が増加

このほか、中堅の日東駒専クラスの付属校の中にも、日大二高や専大松戸高など、他大学への進学率が内部進学を上回っている高校は多い。早稲田高や早稲田佐賀高など早稲田系列の高校でさえ、東京大学や京都大学など他大学への進学に力を入れている。

私立の中高一貫校は、難関大学や有名大学への「進学実績」を中学受験層にアピールしようとするところと、系列の大学に進学させようとするところに二極化している。「外へ出る」というなら、子どもが通っている付属校がどちらのタイプかを把握し、ギリギリまで二股をかけたうえで判断するのが上策と言えそうだ。

大学の定員管理厳格化の緩和

「難関大学に合格することが子どもにとって全てではない」ということは理解しつつも、少しでも「いい大学に」と考えるのが、保護者の「性」というものだろう。

高校生を持つ保護者にとって朗報なのは、二〇一六年度入試から行われてきた大都市圏の私立大学入試の定員管理厳格化が、二〇二三年度から緩和されたことだ。

定員管理厳格化とは、地方から大都市圏に学生が集中することを避けるために設けられた制度で、「入学定員よりも入学者を多く入れたら、国からの補助金を減額しますよ」というものだ。

補助金がカットされれば、大学側は財源の一割から二割を失うことになる。規模が大きい大学の場合、億単位の損失が予想されるため、それまで、入学定員を大きく上回る合格者を出してきた私立大学側は、合格者の数を抑制せざるを得なくなってしまったのだ。

地方の大学に「魅力ある大学になるよう改革しなさい」と促すのではなく、若者の流出に歯止めをかけようとする文部科学省の愚策は、一極集中を防ぐという効果以上に、首都圏や関西圏の有名私立大学が著しく難化する事態を生じさせた。

「君なら絶対大丈夫」

と高校や予備校などで太鼓判を押された受験生が、大都市圏にある私立大学入試でバタバタと「討死」する悲劇を生んできたことはご存じの方も多いはずだ。

これが緩和されたことで、大学側は思い切って合格者を出せるようになった。

厳格化が実行されていた時代は、たとえば、「毎年の入学定員の一・一倍までしか入学者を出してはいけない」というルールだったのが、「各大学の収容定員の一・一倍までしか入学者を出してはいけない」に変わったことで、全学生数で調整すればいいというゆとりが生まれた。

これにより、前の年に合格者数を絞り、入学者数が定員ギリギリになった大学では、その翌年、大幅に合格者を増やせるようになった。

志望校が難化するか易化するかを予想する場合、前年の合格者数や入学者数の推移を見れば「今年はどうなる？　来年は？」と分析できるということになる。

地方の高校生に大学入試はハンディ

筆者が講演で地方の高校にお邪魔した際、高校生たちに質問することがある。

「みんな、英検って何級を持ってる？　総合型選抜入試って聞いたことある？」

地方でも、進学校と呼ばれる高校では、「英検二級に挑戦中です」とか「総合型？　名前は聞いたことがあります」といった答えが返ってくるのだが、東京や神奈川の高校生に比べれば、反応が鈍い印象は拭えない。

ひと言で言えば、首都圏や関西圏の高校生と比べ、地方の高校生は、大学入試に関する情報量が相対的に不足しているのだ。

「灘高にいると、たとえば『頑張っても大阪大学あたりまで』という高校生でも、『東京大学合格』まで学力をアップさせる機会を得やすい。それが灘高の魅力」

こう語るのは、兵庫の灘高から東京大学理科三類に合格した精神科医で、「受験の神様」

とも称される和田秀樹氏だ。

「高校生たちが求めている問いに、いつでも向き合い、答えられる教員と情報を私たちは持っているつもりです」

と語るのは、東京屈指の進学校、開成中学校・高等学校で校長を務め、現在は北鎌倉女子学園の学園長を務めている柳沢幸雄氏である。

二人に共通するのが、「情報量」だ。

地方の高校生には、大学入試に関する情報量が少ない。英検二級や準一級を取得しておくと、どれほど入試で有利に働くかとか、総合型選抜入試なら、どのあたりまで下剋上が可能なのかとか、高校教員に教わらない限り、知る術がない。

加えて、ロールモデルの不足という問題もある。

「東京大学を目指そう」と考えたとしても、「二つ上の先輩が東大」といった事例がないため、どうすれば手が届くのか摑みにくい。

情報の不足は、直接的に、目指す大学の選択肢を狭めることにつながる。その不足分を家庭の総合力で補ってほしいと思うのである。

それでもまだ、一般入試であれば、目に見える成績をアップさせればいいので、対策が立てやすい。学校推薦型選抜入試や指定校推薦入試も、大都市圏と地方とでは差が出にくい。

しかし、うまく利用すれば下剋上が可能な総合型選抜入試は、体験の多寡がそのまま志望理由書や活動報告書に反映されてしまう。

筆者よりはるかにベテランの予備校講師は言う。

「たとえば、政治や経済にリアルに触れる機会が少ない、海外旅行の経験がない、話題の場所を見る機会も少ない地方の高校生は、気づきを得る体験が乏しくなります。志望理由書に書く材料がないということになりかねません」

ただ、地方には地方の利があり、地域のお祭りへの参加、自然災害でのボランティアの機会などは、東京や大阪など大都市圏の子どもより機会が得やすい。地方にも町村議会や県議会などはあり、議員の一日に密着することもできれば、どの地域にもある介護施設を訪ねることもできる。

「ないものを数えるな、あるものを生かせ」

とは、アメリカの作家、デール・カーネギーの言葉で、「パラリンピックの父」と呼ばれるイギリスの医師、ルードウィヒ・グットマン氏の言葉にもつながるものだが、保護者も一緒に、日常生活の中から掘り起こせば、突破口は拓ける。

あとは、通信制やWEB方式であっても実績のある予備校を部分的にでも利用し、情報とヒントをつかめば、地域格差は埋められると思うのである。

総合型選抜入試は難関大学へのファストパス

「子どもを少しでもいい大学に」と願う保護者にとっては、これまで繰り返し述べてきた総合型選抜入試の拡充は朗報になる。

総合型選抜入試は「下剋上を起こしやすい」入試制度だと説明してきたが、受験指導をしてきた経験則から言えば、

「一般入試で日東駒専や産近甲龍クラスが相当な高校生はMARCHや関関同立が、そしてMARCHや関関同立クラスが妥当な高校生は早慶が狙える入試」

ということになる。

また、「国公立は少し届かないから地元の私立大学に」と考えている高校生にとっても、本当は行きたい国公立大学で総合型選抜入試を実施していれば、その大学が十分射程に入る入試制度だと断言していい。

それだけではない。それぞれの地域で進学校とされる高校の生徒で、しかも、高校で実施される定期試験などで、学年で上位三割あたりまでにいる生徒や、部活動や生徒会活動など様々な活動で実績がある生徒、あるいは、都道府県大会レベルで文化・芸術などの面

で顕著な成績を残した生徒にとっては、志望する難関大学に、一般入試に先がけて合格できるファストパス（入場優先権）にもなる制度である。

「うちの子は、地域の進学校に通っているがトップクラスではない」

こういうケースでもチャンスはある。

皆さんの子どもが通う高校のここ数年の傾向を軽く分析してみていただきたい。公立、私立を問わず、トップ層の生徒は、教員の進学指導によって、一般入試で東京大学や京都大学など難関大学に挑戦するか、あえてリスクを取らず、指定校推薦で、早慶上智などへの難関大学への進学を早々と決めてしまうパターンが多い。

つまり、読み書き計算能力が際立って高い生徒や評定平均値で上位を行く生徒は、総合型選抜入試での合格を目指さない、ということになる。

総合型選抜入試が、各高校のトップ層以外による試験だと思えば、さらに希望が持てるはずだ。このファストパスは、想定以上の大学への合格を可能にするチケットと言えるかもしれない。

異次元の少子化対策と給付型奨学金制度

筆者は教鞭を執っている短期大学や、ゲスト講師として招かれる地方の大学で、「あなたはなぜ、ここを選んだのですか?」と尋ねることがある。

答えとしては、「ここしか受からなかった」や「○○の資格を取りたいから」といった理由のほかに、「経済的にここを選んだ」という理由が結構多い。

たしかに、短大であれば、単純計算で四年制大学に比べれば半分のコストで済み、地元の大学であれば、大都市圏の大学に通わせるのとは違い、物価が安く、アパート・マンション代もかからない。

全国大学生協協同組合連合会が実施した「第五七回学生生活実態調査」(二〇二二年調査)によれば、大学生の一人暮らしの家賃平均は一か月当たり約五万四〇〇〇円だ。これに光熱費や食費を加えると軽く十万円は超える。この金額を大幅に抑えられるなら家計的には助かる。

ただ、一方で、子どもが行きたいと考えている大学に行かせることができる制度設計が進んでいることも確かだ。

それは、岸田政権が打ち出した異次元の少子化対策と、それに伴う児童手当の拡充や給付型奨学金の充実である。

岸田文雄首相は、二〇二三年十月二六日、政府与党懇談会で、児童手当の拡充に伴う初回支給分を二〇二四年十二月に実施する考えを表明した。

これまで、子どもが中学校を卒業するまでが対象で所得制限もあった児童手当が、政府の少子化対策によって高校卒業までに拡充され、所得制限も撤廃になる。

手当は月一万円だが、プールしておけばまとまった金額になる。また、子どもが三人以上いる家庭は三万円に増額される。

二〇二四年度からは、給付型奨学金（返済不要の奨学金）の新制度として、年収六〇〇万円世帯までの中間所得層を対象とする区分を設け、子どもが三人以上いる多子世帯と、授業料が高い理工農系の学生が支援対象に加わることになった。

この恩恵を受ける学生数は約二〇万人で、四年制大学に通う全学生数（三〇〇万人弱）の六〜七％にすぎないが、各大学でも給付型奨学金制度が年々充実してきているので、家計を理由に諦める前に、修学支援制度について調べてみてほしい。

地方から優秀な学生を集めたい早慶

東京大学、早稲田大学、それに慶應義塾大学の地域別合格者を見ると、年々、首都圏一都三県（東京・神奈川・埼玉・千葉）の割合が増加傾向にあることが分かる。

このうち、東京大学では六割前後、早慶ではともに七割程度が一都三県の高校出身者で占められている。

首都圏の私立の中高一貫校のほうが地方の公立高に比べ受験用のカリキュラムがしっかりしていること、塾や予備校が豊富で対策を立てやすいこと、そして、「上がる物価、上がらない賃金」が続き、そこに新型コロナウイルスの感染拡大も生じ、地元志向が強まったことなどが背景にある。

これは、全国から多様な人材を集めたい大学側にとって意に沿わない傾向だ。そのため、一般入試以外の部分で、地方出身者の割合を増やそうとしている。そこに、受験生やその保護者にとっては合格できるチャンスがあるのだ。

先に少し触れた早稲田大学社会科学部の総合型選抜入試、「全国自己推薦入試」では、わざわざ「全国」という部分を強調している。

評定平均「四・〇」以上で、学校外での諸活動や資格などでアピールできる高校生が出願することができる入試で、全国を七つのブロックに分け、各地域ブロックから五名程度の合格者を出す方式となっている。

また、法学部、文化構想学部、文学部、商学部、それに人間科学部やスポーツ科学部で実施している「地域探究・貢献入試」では、文字どおり「地域」がキーワードになっている。

九月上旬に出願をする一次選考の提出書類では、地域の課題として感じていることについてのレポートを課している。

大学独自の二次選考や大学入学共通テストも課すので、相応の学力は不可欠だが、地方の高校生にとっては有利になる入試制度だ。

慶應義塾大学法学部で実施されている総合型選抜入試、「FIT入試」でも、地方の高校生を採りたいという意欲がうかがえる。

この入試は、出願時に成績不要のA方式と「四・〇」以上の評定平均が求められるB方式との二種類があり併願もできるのだが、このうちB方式は、全国を七つのブロックに分けて選考している。

B方式での募集人数は、法律学科と政治学科を合わせ八〇人程度なので、各ブロックから十人前後を合格させる計算になる。

筆者の娘は、このうちのB方式を受験して合格し入学した。

ほぼ毎年、娘が通っていた東京都心の私立の中高一貫校だけで複数人は合格しているため、必ずしも首都圏の高校生が不利で地方の高校生が有利とは言えないのだが、一都三県以外の高校生で「慶應の法学部で学びたい」という強い意思を表現できれば有利に働くことは間違いない。

前述した東京大学の推薦入試でも、複数の合格者を出した高校（二〇二三年度入試）を見ると、東京の都立小石川中等教育学校や早稲田高、千葉の県立千葉高など首都圏の進学校が並んでいるが、八戸高、秋田高、金沢泉丘高といった地方の公立進学校の名前も数多く見られる。

京都大学の特色入試も同様に、仙台二高、福井の藤島高、岡山朝日高など、関西圏以外の公立進学校が名を連ねているので、地方在住の高校生や保護者の皆さんは、条件が合うようであれば、これらの国立と私立を代表する難関大学に臆することなく挑戦してほしい。

学生寮完備の大学の増加

手前味噌な話で恐縮だが、筆者は四五歳でリスキリング（学び直し）のため、早稲田大学の大学院に入学した。

合格発表直後、大学側から送付されてきた書類の中には、学生寮の案内があり、「自分には不要だが、地方から来る学生には安心だろうな」と感じたものだ。

実際、首都圏や関西圏の主だった大学では、学生寮を完備している大学が増えている。このことは、住居費だけでなく、食事やセキュリティの面でも何かと心配な保護者の不安をいくらかでも軽減してくれるだろう。

早稲田大学の場合、大学直営の専用寮、国際学生寮（定員は男女合わせて八七二人）などが完備されている。名前のとおり、留学生も多く居住し、日々の生活の中で交流ができるというのが特徴だ。

ほかにも直営の専用寮や民間メンテナンス会社と提携した寮などもあるため、希望者は、広さや大学へのアクセスだけでなく、「食事が必要かどうか」や「自炊は可能か」など、それぞれの事情に応じて選択できる。

◇専用寮がある大都市圏の主な大学
○上智大学　女子学生専用の寮を二棟完備。寮ごとにイベントも行われる
○慶應義塾大学　早稲田と同様、国際学生寮など三棟の専用寮がある
○明治大学　モダンな造りの「グローバルヴィレッジ」と「インターナショナルハウス」、二つの国際学生寮を有する
○立教大学　国際交流寮と位置づけるマンション風の学生寮二棟がある
○同志社大学　今出川キャンパス近くに廉価で知られる男子寮と女子寮を完備
○関西大学　国際学生寮や女子寮など大学が運営する四つの寮を完備

いずれもマンション風で瀟洒な造りだ。しかも「国際交流ができる」を「売り」にして

いる大学が増えているため、語学力や国際感覚を磨くことも可能になる。

人気の寮は抽選になる場合もあるが、入寮できれば、いわゆる高学歴に加え、グローバルな視野までついてくる。これは大きなメリットだと思う。

地方創生系の学部はハイリターン

それぞれの地域で高学歴の部類に入る国立大学にも、注目すべき点がある。それは、二〇一五年度を境に、地方創生系の学部が各地の国立大学で誕生したことだ。

当時の安倍政権が地方創生を推進し始めたことに加え、少子高齢化に伴う過疎の問題、廃れていく中心市街地の再開発や農村の担い手などの問題が、地方の喫緊の課題となってきたからである。

二〇一五年度には高知大学、その翌年には宇都宮大学や福井大学、それに愛媛大学や宮崎大学などで地方創生系の学部が設けられ、静岡大学や鳥取大学など他の国立大学にも拡がりを見せている。

それらの大学からは、すでに卒業生が社会で活躍しているが、公務員をはじめ、銀行やIT関連企業、観光産業などに就職し、地域の担い手となっている。

筆者は、宇都宮大学地域デザイン科学部と愛媛大学社会共創学部で、教授や学生に取材をさせてもらったことがあるが、地域の持続的な発展に関してチームで調査をしたり、再生プランをまとめてプレゼンテーションをしたりする機会が多いため、「即戦力になる」と地元有力企業からの評価も高い。

学費が安く、様々な力が身につき、就職率も高いとなると、まさに「ローコスト・ハイリターン」だ。しかも、総合型選抜入試で挑戦できる大学が多い。

◇国立大学・地方創生系学部の総合型選抜入試配点例

○愛媛大学社会共創学部産業イノベーション学科

●志望理由書など一〇〇、総合問題二〇〇、面接一〇〇、グループディスカッション一〇〇　合計五〇〇点

○佐賀大学芸術地域デザイン学部地域デザイン学科

●志望理由書など（点数化はしないが評価の対象）、適性検査五〇％、小論文三〇％、面接二〇％

大学入試で地方の高校生はハンディがあると述べたが、地方の国立大学の総合型選抜入試は、一部を除き、首都圏の専門予備校で鍛え上げたという受験生がほとんどいないため

有利になる。

国立大学人気は根強く、競争率はいずれも三〜四倍になるが、次に示すコツを押さえておけば十分に戦えるはずだ。

◇国立大学・地方創生系学部の総合型選抜入試を突破するコツ

○志望理由書
志望する学科や分野別に、大学と学部、学科を志望した理由と具体的なエピソード、入学後、特に何を学びたいかを明確にする

○調査書・活動報告書
高校三年一学期までの評定平均を「四・〇」以上を目標に、少しでも上げておく。部活動のほかに志望する学科の内容に近いボランティア体験（農村コースなら農園体験とか）があると望ましい

○小論文
地方自治体が抱える諸課題について、日頃から家族で話し合い、ネットなどで調べ、自分なりの意見と解決策をまとめておく

○面接・グループディスカッション

面接は想定問答集を作成し練習しておく。グループディスカッションも、地方の諸課題について、家族数人で議論しておく

最大の敵は学校の進学指導

「通っている高校は、県内で一、二を争う進学校。ライバルの県立高校と『国公立大学に何人合格させたか』を競っているので、早慶志望の自分に、地元や近県の国立大学を勧めてくる」

「うちの高校は『自称進学校』で、国公立大学への合格者を増やそうとしているので、国公立大学を第一志望にしないと、進路相談でろくに話を聞いてもらえない」

これらは、筆者の教え子たちから毎年のように聞かされる言葉である。

国公立大学か、それとも私立大学か、という問いの答えは、各家庭の事情や子どもの将来の夢にもよるので一概には言えない。

ただ、家計的に許容範囲で、なおかつ、子どもの夢が、地方の国公立大学に進学するよりも東京の私立大学に通ったほうが叶えやすいものだとすれば、高校側の進路指導は間違っていると言うほかない。

こういうケースは、各地の県庁所在地や第二の都市に多く存在する、地域屈指の進学校

と称されてきた公立高、そして、埼玉や千葉、神奈川といった首都圏近郊の伝統ある公立高、あるいは、京都大学、大阪大学、それに神戸大学といった難関国立大学が近くにある関西圏の国公立高や私立高で生じやすい。

◇高校で生じやすい進路指導の「罠」

○総合型選抜入試で難関の私立大学を受験したいという子どもに、国公立大学受験を迫る。「総合型で出願するなら調査書は一通しか書かない」などと言われるケースもある

○「特進クラス」や「選抜クラス」の子どもには指定校推薦や学校推薦型選抜入試を受けさせず、一般入試で難関大学に挑戦させる

○「早慶よりも地方国立大学のほうが上」だと指導する（※上か下かの判断は子どもの志向などによるが……）

○生徒全員に大学入学共通テストを受験させる

○大学入学共通テストの点数が良かった場合、国立大学の前期日程だけでなく、後期日程でも受験させ、国立大学合格者数を水増ししようとする

○大学を併設している私立の中高一貫校の場合、外部受験（他大学受験）に何らかの制

約を設ける（本章の「大学付属校は『銅メダル』狙いと同じ」参照）

このような指導が当たり前のように繰り返されているのだ。

振り返れば、筆者も、はるか昔、高校三年次の進路指導で、早稲田大学志望であったにもかかわらず、担任の教員に「近くの国立大学も受けるのが条件」と迫られ、「先生がお金を出すから」とまで言われた苦い思い出がある。

それから約四〇年が経過した今も、同じように「国公立大学至上主義」的な進路指導が行われているのは、ある意味、衝撃的なことだ。

また、国公立大学への合格者を増やそうと、生徒が実際に受験する国公立大学のランクを、本人の志向など関係なく、難易度では下位の国公立大学へと強引に下げさせるケースも数多い。

それぞれ、「国公立大学への評価は高い」や「無理をして浪人はすべきではない」などの理由はあるのだろうが、多くの生徒は従わざるを得ないため、一つ間違えば、高校の進路指導によって、無難な線に落ち着かされてしまうリスクもある。

埼玉県内や茨城県内の公立高の校長に話を聞けば、教員の評価は、担当するクラスの子どもを何人国公立大学に合格させたかで決まるわけではないという。昇進や昇給にも影響を与えないと口を揃える。

それは事実だとしても、先に述べたような高校では他校と国公立大学の合格者数を競い、教員間では「国公立に入れてナンボ」の固定観念が今もなお息づいていることも事実である。

もちろん、生徒本位で熱心に指導されている教員もいる。そういう方々にはお叱りを受けるかもしれないが、ドライな表現を用いれば、高校の担任教員や進路指導の担当教員の多くは、子どものこれからの人生に関わることなどまずない。

定期試験や模試の成績のような一過性の学力と、所属する高校の方針に基づいてアドバイスをしているだけだ。その教員自身、民間企業などを経て教員になった人を除けば、学校という狭い世界しか知らない。

つまり、子どもの進路を見誤らないためには、高校の進路指導だけに依存しないことが重要になるということだ。言い換えれば、子どもと密接に関わってきた保護者が「進路リテラシー」を持つことが大切なのである。

二番目の敵は保護者の「古くさい価値観」

筆者が考える保護者の「進路リテラシー」とは次のようなものだ。

◇保護者に持ってほしい「進路リテラシー」

○子どもが強い意思を持っていれば、それを尊重する

○子どもが強い意思を持っていない場合、「この子はどういう方面が向いているのだろうか」と、これまでの志向や得意分野などから考えてみる

○子どもがオールラウンダーかスペシャリストかを見極める。オールラウンダーなら国公立大学、スペシャリスト（英語だけ強い、文章力がある、弁が立つなど）なら私立大学を総合型選抜入試で、という作戦が成り立つ。どちらでもない場合も、じっくり考えれば方向性は見えてくる

○世の中の動きから、十年先、二〇年先の地域や日本全体、場合によっては世界の情勢を想像し、子どもの進路相談に真摯に向き合う

○大都市圏と地方、国公立、私立を問わずどの大学も特徴があり、小規模な大学でも「就職に強い」や「面倒見が良い」、あるいは「資格が取れる」などの利点があることを把握する

○世間体を必要以上に気にせず、保護者の世代の価値観を押しつけない

先にも述べたが、私立大学、それも大都市圏にある私立大学に一人暮らしをさせるような場合、家計との兼ね合いも不可欠になるが、それを除けば、これらの点に配慮していただけたら、と思う。

筆者の教え子の中には、父親から

「県内一の進学校から早稲田は恥ずかしい。それも一般入試ではなく総合型選抜入試で？　あれは一芸入試だろ？　どうしても行くと言うのなら勝手にやりなさい」

「慶應なんてお坊ちゃん学校、お金をドブに捨てるようなものだ。国立大学に行かないなら学費は出さない。旧一期校の国立に行きなさい」

などと言われた子どもが存在する。昭和の時代ならともかく、現在は平成も通り越して令和の時代である。

私立は国立より下、総合型選抜入試は一般入試より劣る、同じ国立大学でも、旧一期校（旧帝大や一橋大学、神戸大学など）は旧二期校（横浜国立大学や東京外国語大学など）より上、などという「古くさい価値観」がまだ存在していることは、正直なところ驚きでしかない。

特に地方在住、あるいは地方出身の保護者に散見される価値観だが、価値観の相違は一朝一夕には埋められない。

教え子の例で言えば、前者は、国立大学医学部出身の医師の父親との間で、早稲田という私立の、しかも文系学部を総合型選抜入試という得体の知れない制度で受験することについて合意が得られず、受験はしたものの悪い結果で終わった。その後、奮起して一般入試に切り替え、早稲田の学生にはなれたが、父親への不信感は払拭されていない。

後者のケースも、国立大学出身で大手新聞社勤務の父親と、同じく国立大学出身の母親からともに反対された子どもは、望みどおり、旧一期校の千葉大学へと進学した。大手商社志望の本人は、「慶應なら有利だったのに」と語る。

このように、保護者の価値観は、大学入学後にも影響を与えるので、先にまとめたような「進路リテラシー」を持つことは重要になる。

入学後のアドバンテージは地方より都会

保護者に持っていただきたい「進路リテラシー」で、もう一つつけ加えるなら、「大学は大学キャンパス内だけが学びの場ではない」という点だ。

地元の大学へ進み、公務員や教員、あるいは地元の企業や団体で働きたいというケースを除けば、大都市圏の大学に通ったほうが、有形無形の財産を得やすい。

在京メディアに籍を置く筆者は、仕事柄、地方の放送局や新聞社の人たちと話をする機会が多い。彼（彼女）らの中には、在京キー局や大手新聞社にもいないような優秀な人材も大勢いるのだが、会話の内容のスケールが小さい。

普段から、国政や国際情勢を取材したり、著名な文化人や芸能人とつき合いがあるディレクターや記者と、県議会や市議会取材、ローカルタレントとの接点が中心の地方局や地方紙のディレクターや記者とでは、長い年月を経れば、視野の広さ、視点の面白さが違ってくると感じてきた。

同じことは大学生活にも言える。

首都圏や関西圏のほうが刺激は大きい。様々な誘惑に引っ掛かりやすいというデメリットはあるものの、大学のゼミなどで赴くフィールドワークが最先端の場所であること、大学で講義を行う実務家の教員の質が高いこと、そして、学外で言えば、アルバイト先の豊富さ、見学する場所の多さ、世界各地から集まる人々と触れ合う機会の多さなど、気づきを得られる場所がふんだんに用意されている。

やがて訪れる就職活動に関しても、大都市圏のほうが企業のインターンシップに参加しやすく、OB訪問なども容易で、採用試験本番でも長距離の移動をしなくて済む。

「田舎のネズミと街のネズミ」、田舎のほうがいいというのがイソップ寓話のストーリーだが、大学生活の場合は、それとは異なり、「街のネズミ」に分がある。

日本よりも受験熱が高い韓国では、首都ソウルとそれ以外の街にある大学とでは、難易度も卒業後の就職も雲泥の差がある。日本の場合、地方にも魅力あふれる国公立大学や私立大学はあるが、何らかのアドバンテージを得たいなら、大都市圏の大学という選択も有りなのではないだろうか。

保護者がそういう考えに立つことも、高学歴を得させる一助になる。

本音のコラム（4）

「高学歴が欲しいなら大学院へ」

今の時代は、学歴重視から徐々に脱皮しつつあるが、どうしても最終学歴にこだわるなら大学院という選択肢がある。

東京大学大学院の修士課程入学者の内訳を見ると、人文社会系や公共政策学、それに、新領域創成科学など多くの研究科で東大出身者以外の割合が高い。

筆者が修士課程を修了した早稲田の大学院も、学習院や成蹊といった他大学出身者が過半数を数え、社会人の院生と合わせ活気があふれる大学院だった。

大学入試と異なり、大学院入試では、志望する大学院に関係した専門科目と外国語のスコア、そして、研究計画書を題材とした面接で合否が判定される、まさに総合型選抜入試だ。何をどのように研究していきたいか明確で、外国の論文を、辞書を引きながら読める語学力さえあれば、どこの大学を出ていようと、東京大学や京都大学、早慶などに合格できる。

社会人を対象にした入試制度も定着し、筆者などは博士課程入試で、一か月の受験対策で京都大学に一発合格した。給付型奨学金制度も充実しているので、大学入試のリベンジと学び直しの場として大学院入試を勧めたい。

第五章

家庭力で差がつく大学入試

植えつけたいのは「自己肯定感」

多様化する大学入試で、子どもが「ここに入りたい」と考えている大学に合格させるには、子どもに自己肯定感を植えつけることが大事な要素になる。

次の調査結果を見ていただきたい。

◇内閣府「子供・若者白書」（二〇一九年度版）

○自分自身に満足している

日本＝十・四％　韓国＝三六・三％　アメリカ＝五七・九％　イギリス＝四二・九％

○自分には長所がある

日本＝十六・三％　韓国＝三二・四％　アメリカ＝五九・一％　イギリス＝四一・七％

内閣府の調査では、日本の若者は、諸外国の若者と比べて、自身を肯定的に捉えている者の割合が極端に低いことが分かる。

二〇二二年度版の白書を見ても、傾向は変わらず、「今の自分が好き」と答えた子どもや若者の割合は、日本の場合、四六・五％と半数以下で、「自分は役に立たないと強く感じる」と答えた人の割合は、四九・九％と半数近くに上っている。

　日本青少年研究所が日米韓三か国の高校生を対象に実施した調査では、日本の高校生は、「教わったことを他の方法でもやってみる」、「問題意識を持ち、聞いたり調べたりする」という割合が低く、自己肯定感の低さが学習意欲にも直結していることが明らかになっている。

　実際、俗に「Fラン」（河合塾が二〇〇〇年に追加した大学ランクのカテゴリーで、偏差値五〇未満の入りやすい大学群を指す）と呼ばれる大学には、高校の教員はもとより保護者からも、ほめられたり何かで高い評価を受けたりした経験が全くないという学生が多数存在する。

　ほかにも興味深い調査結果がある。

　それは、国立青少年教育振興機構が、世界七か国の十三歳から二九歳の若者を対象に実施した意識調査（二〇一六年）である。

　この調査でも、日本の子どもや若者の場合、「自分自身に満足している」と答えた割合は半数以下と、欧米諸国や韓国に比べ、約三割から四割程度少なくなっているのだが、一方で、「自分は役に立たないと強く感じる」という質問に、「そう思う」「どちらかと言えばそう思う」と答えた人の割合も、四七・一%と、欧米や韓国よりも少なくなっているのだ。

これら二つの結果から見れば、「今の自分に満足してはいないが、自分は役に立つ人間になれる」と考えている子どもや若者が半数以上いるということになる。つまり、周りが背中を押してやれば、すぐに良い方向に変わることができるということだ。

カナダの心理学者、アルバート・バンデューラによれば、人は、行動に対する自信が強いほど、その行動がうまくいくように、より努力するという。

バンデューラは、それを「自己効力感」と呼び、それを高めるために、次の四点をポイントに挙げている。

◇アルバート・バンデューラの「自己効力感を高める四つの要素」

○直接的な成功体験
○代理的な成功体験
○言葉による説得
○情緒的な喚起

これらのうち、直接的な成功体験は、自分で困難を乗り越えたという経験、「やればできる」という小さな成功体験を積ませることを意味し、代理的な成功体験とは、高校の先輩など第三者の成功体験を間近に見せるといった行為を指す。

保護者の役割として重要なのは、言葉による説得や情緒的な喚起で、「○○ちゃんならできる」、「○○ちゃんは、ここが優れていると思う」といった言葉をかけ、勇気をもらえる音楽や映画、ドキュメンタリー番組などに触れさせることだ。

大学入試で言えば、「今の成績では無理」などと言わず、「今からでも十分間に合う。私たちも応援する」

このように、子どもの気持ちが奮い立つ言葉をかけ続けることだ。子どもを勇気づける言葉は常に大事だが、これからの大学入試を突破するうえでも不可欠になる。

子どものありのままを受容する

関西圏屈指の進学校、奈良の東大寺学園中・高等学校のホームページを開くと、学園が目指す方針が掲げられている。

――個性や自主性、しなやかな感性を育む上で、「自由」という教育環境は不可欠であると考えている。したがって本学園では、不合理なもので生徒を縛りつけるようなことはない。一方的に生徒に従順さを強要することもない。生徒の「自由」を最大限尊重したいと考えている――

制服はなく頭髪などの規制もない、おおらかな男子校ならではの文言だが、子どもを縛りつけない、自由に自分の可能性を追求できる環境こそ、家庭に最も求められる要素だと感じさせてくれる。

つまり、子どもの「ありのまま」を保護者が受容することが重要なのだ。自省を込めて言うなら、保護者は、子どもに理想像を押しつけたがる傾向がある。

オギャーと生まれた日には無事に生まれてきたことだけで十分と思っていたはずが、いつの間にか、他の優秀な子どもと比較し、同じレールに乗せようとしたり、理想像から逸れた子どもに対しては「ダメじゃない！」と叱責したりするようになる。

筆者が勤務する在京ラジオ局の番組で、シンガーソングライターのさだまさしさんが、こんなハガキを読んだことがある。

——ある小学校で、校庭に立つ大きな木の幹を、紫色に染めた絵を描いた児童がいた。先生は驚いて児童に聞いてみた。

「よくあの木を見て？　こういう色じゃないんじゃないかなあ？」

そうしたら、その児童は、

「いいんだ！　僕は紫が一番好きな色なんだ。僕はこの木が一番好きな木だ。だから一番好きな色を、一番好きな木にあげたんだ」

と答えたという。今の教育では、木を紫色に塗る児童に「最高点」をあげることはできないが、児童の感受性は素晴らしいと思い、先生は紙で金メダルを作り、その児童にあげた——


子どもは十人十色で様々な感性を持ち、得意な部分も持っている。それを杓子定規に「標準化」してしまおうとするのが保護者だ。その習性を少し改め、

「よその子はよその子、うちの子はうちの子」

と達観して、子どもの得意なこと、好きで熱中しているようなことを応援する姿勢で十分だと思うのだ。

経営学者、ピーター・F・ドラッカーは、組織や企業のマネジメントについて、「自分

の強みに集中しろ」と説いている。これはそのまま子育てにも当てはまる名言だと思う。「何点取れたか」以上に、「これまで何に関心を持ち、大学に入って何を学びたいか」が問われるこれからの入試では、子どもの「自由」を尊重する東大寺学園方式の子育てのほうがマッチする。

高校生あたりの年代になれば、自分で自分の強みと弱みは分かってくるものだ。そのうちの強みをもっと強化すれば、それが入試対策になるだけでなく、その子ならではのレゾンデートル（存在意義）になり、それが自己肯定感にもつながっていくように思うのである。

「あれもこれも」から「あれかこれか」の子育て

企業や団体で「選択と集中」の重要性が叫ばれて久しい。言うまでもなく、「選択と集中」とは、「あれもこれも」と手を拡げるのではなく、「あれかこれか」と考え、的を絞ってコストやマンパワーを投入するという考え方である。

高校生の子どもを持つ保護者の場合も、これに似た考え方が求められるように思う。

京都大学の大学院で博士課程の院生生活を送ってきた私は、京都の街中で京町屋と呼ばれる古い民家を目にしてきた。

京都の木造家屋の多くは、間口が狭く奥に長い「うなぎの寝床」と呼ばれるような造りを特徴としている。

「京町屋の建て方は学問そのものでしょう？」

恩師からこんなふうに言われて気づかされたのだが、間口は狭くても奥行きが長く広さもある。「なるほど、これが学びというものか」と感じたものだ。

たとえば、筆者が、「現在の国際情勢」という大きなテーマで本を書こうとすると総花的なものになるが、台湾に絞って書けば、入り口は台湾でも、対中国、対アメリカ、それに日本や韓国などとの関係まで拡げることができる。それが結果的に、国際情勢を映し出す本になる。

大学入試の話に戻せば、これからの大学入試は、「狭めると深くなる」が重要なポイントになる。

大学入学共通テストでまずまずの点数を取るには、ある程度、「広く浅く」も必要になるが、多様化する国公立大学の二次試験や総合型選抜入試を思えば、一つのことを徹底的に追求するような「狭く深く」型の子どものほうが強い。

ドラッカーの教えにもあるように、子どもの強み、子どもが興味を持って取り組んでいることを応援するというのは、「狭く深く」の入り口でもあるのだ。

「うちの子は、動画を見てゲームをすることしか興味がない」

こういう場合、動画やゲームの内容によって、それを研究につなげられないか、と考えてみるのも一つの手だ。韓国アイドルにはまっているなら韓国文化、動植物関連であれば環境問題、スポーツ系ならスポーツ科学などへといざなってみれば、バーチャルな世界からリアルな世界に目を向けるきっかけになるかもしれない。

家庭で身につけたい五つの能力

一般選抜入試であれ総合型選抜入試であれ、これからの大学入試で問われるのは、文部科学省が唱える「思考力・表現力・判断力」、それに「主体性・多様性・協働性」といった能力だ。

第一章でも述べてきたことだが、置き換えるなら次の五つの能力になる。

◇家庭で子どもに身につけさせたい五つの能力
○シミュレーション能力＝「こうすれば良くなるのでは？」など仮説を立てる力
○ロジカルシンキング能力＝感情的ではなく根拠を挙げながら結論を導き出す力
○コミュニケーション能力＝聞く力を持ち、誰とでも円滑な会話ができる力

○ロールプレイング能力＝「市長の立場になる」「経営者になったつもりで考える」など他人事を自分の事として考える力
○プレゼンテーション能力＝人前で相手の心が動くように話す力

こうして列挙してみると難しく感じられるかもしれないが、第一章で述べた「茨城県のピアノ調律師」や「東京のマンホール」の話は、シミュレーションするところから始まる。そして自分なりの「解」を導き出すまでのプロセスはロジカルシンキングということになる。

キーエンスという企業の面接で問われる「私（面接官）を説得してください」という質問は、ロジカルシンキングおよびプレゼンテーションの力が問われ、銀行などの入社試験で頻出する「この中小企業を再生してください」といった課題はロールプレイングそのものだ。

これらの力は親子の対話を増やすこと、もっと言えば、世の中の出来事や家庭で解決しなければならない大事な問題に関して真剣な対話をすることで身につく。

その前提となるのは知識だ。

「知識偏重の入試が衣替えするのだから、おざなりにしてもいい」

ということにはならない。

「茨城県の調律師」の話で言えば、「茨城県の人口は三〇〇万人前後」という知識がなければ、あまりにもかけ離れた答えになる。計算能力が乏しければ限られた時間に答えを弾き出すこともできない。

「街の名産品である『うどん』を世界に広めるには？」

という課題が出されたとして、各国の文化や日本との貿易事情の知識がなければ、文章を書くこともグループディスカッションで発言することもできないだろう。

東京大学が二〇一六年度から導入してきた学校推薦型選抜入試で、大学入学共通テストの受験を課したり、総合型選抜入試において、多くの大学で「高校での評定平均は四・〇以上」などと一定の基準を設けたりしているのは、

「一般選抜入試組ほどではなくとも、一定の知識や技能は必要ですよ」

と、受験生やその保護者に伝えたいからにほかならない。その意味では、昔も今も、高校や塾、あるいは家庭内での学習は大事ということになる。

もっとも、筆者が受験生だった時代は「四当五落」と言われ、「睡眠時間を四時間に削って勉強した者が勝ち、五時間以上寝た者は負ける」などと言われたものだ。

現在は、そこまでのガリ勉は必要ない。基礎学習を積み重ね、苦手科目を塾などで克服

したうえで、子どもの「個」を伸ばすことに重点を置けば、一般入試であれ、別の入試方法であれ、十分、対応できると思うのである。

シミュレーション能力をどうつけるか

ここからは、五つの能力について個々に見ていこう。まずはシミュレーション能力だ。

シミュレーション能力を身につけさせるには、当然のことながら考えるための材料が必要になる。

最初は親が、子どもに問いを投げかけるところから始めよう。

「新型コロナウイルスが下火になって以降、一気にインバウンドで外国人の観光客が増え、行楽地はどこも増え過ぎた観光客で苦労しているんだってね。○○ちゃんならどんな対策を取る？」

テレビのニュース番組や新聞記事を見ながら、こんな「問い」を出してほしい。

このケースで言えば、子どもに、行楽地の観光協会会長や市の担当職員になったつもりで、オーバーツーリズム（人気観光地で混雑や渋滞が起き、地元に問題が生じている状態）対策を考えさせるのだ。

「例えば、京都市の職員だったとして、どうする？」

こんなふうに投げかけてみよう。そうすると子どもは
「清水寺とか金閣寺とか名所で入場料を引き上げればいい」
と答えるかもしれない。

イタリアのベネチアやトルコのイスタンブールなどでは入域料や入場料を設定している。しかし、どこまで観光客を制限できるかは未知数だ。

減らないと困るが、激減してしまえば観光業者には痛手になる。そこで別の案も一緒に考えてみるのだ。

「この時間はここが空いていますよ、といったパンフレットを作る」
「昼間に集中しないよう、夜の時間も楽しめるよう神社仏閣と協力する。そうすれば、全体的に観光客数は減っても、ナイトタイムエコノミー（夜間、観光客にお金を落としてもらう）効果があって、飲食店やお土産店の売り上げは落ちないのでは？」

このように別の方法が見つかるかもしれない。正解は一つとは限らないので、どの方法も間違いではない。

こんな要領で、「日本から原発を失くせばどうなるか」、「このまま海水の温度が上がれば、漁業はどう変化するか」など、子どもと保護者とで仮想の話題を増やすことがポイントだ。そうすれば、シミュレーション能力はしだいに身についてくる。

ロジカルシンキング能力をどうつけるか

第一章で触れたロジカルシンキング能力のつけ方についても補足しておこう。

ロジカルシンキングとは、言い換えれば論理的思考ということになる。その対義語は感情的思考ということになるだろうか。

考えてみれば、日々の生活は「思考」→「判断（決断）」の連続だ。

「晩ご飯、何がいい？」

「今度、予備校の模試受けてみる？」

「おじいさんの具合が良くない。病院に行くなら、AとB、どっちがいいか？」

といった具合に、である。これは職場で企画などを決める際も同じだろう。

この「思考」→「判断（決断）」のサイクルを少し応用することでロジカルシンキングの基礎は完成する。

「クルマを買い替える。ガソリン車、ハイブリッド車、電気自動車、何がいい？」

この問いを投げかけるのは保護者だ。

「電気自動車がいい。だってかっこいいもん」

子どもからはこんな答えが返ってくるかもしれない。

ピラミッドストラクチャーで
説得力を身につける

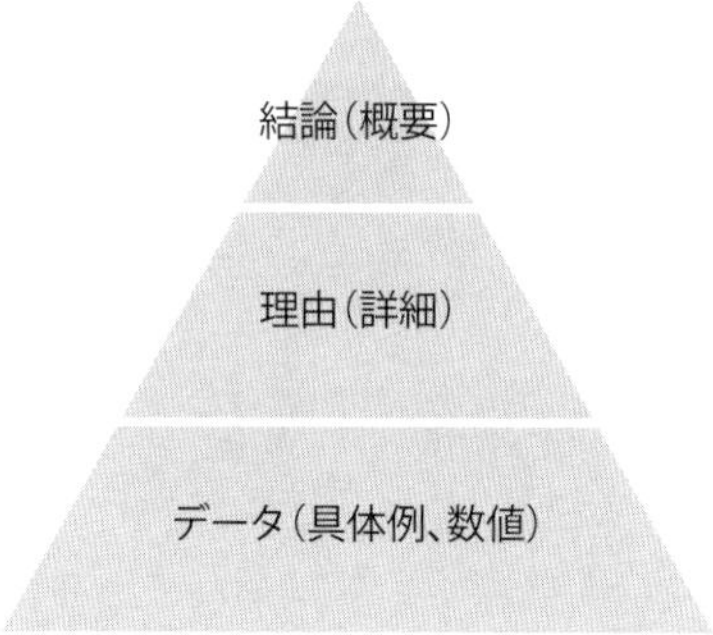

しかし、この答えはあくまで感情的思考に過ぎない。

ロジカルシンキングとは、「論が理にかなう」、つまり、思いつきではなく、ピラミッドストラクチャーと呼ばれる図で示したように、そう考える理由（論拠）を、具体例や数値などを用いて説明し、説得力を持たせる手法だ。

先ほどの問いへの答えで言えば、「EUや中国では、二〇三五年以降、ガソリン車の販売が禁止される。日本政府もその年をメドに完全電動化を目指している」

「現在、電気自動車の占有率は〇%に過ぎないが、十年後には〇%になる予測がある」

このように、世界の実情やデータを理由に挙げながら語ることができれば、「まだ、ガソリン車でいいかな」と考えていた保護者の気持ちも、電気自動車購入へと傾きやすくなる。

筆者は第一章で、家庭でロジカルシンキング能力をつける手法として、

「食卓やリビングで、子どもに保護者の仕事の話をする」

「一週間に一～二回でいいので、ニュースを見ながら本気の会話をする」

「家族の方針を決める話し合いに子どもも参加させる」

の三つを挙げたが、念を押す意味で、理由とともに考えを述べさせる習慣の大切さを追記しておきたい。

大学に入れば、自分の考えにデータや客観的な調査結果などを駆使して説得力を持たせる作業が普通になる。社会人になればその連続と言ってもいい。

その前に、「思考」→「判断（決断）」に至る理由を複数の根拠を示しながら表現する習慣をつけておけば、その前段階となる入試でも有利になるだろう。

コミュニケーション能力をどうつけるか

試験というものは、当然ながら一人で解くのが大前提となっている。第三者のヘルプは許されない。

しかし、国公立大学の二次試験や総合型選抜入試で多用され始めているグループディスカッションやワークショップは、多様性や協働性を測るもので、「誰かと一緒に考える」「メンバーで力を合わせて答えを出す」という形式だ。

この対策を家庭で行うのはかなり難しい。父親と子ども、あるいは、母親と子どもという二人では少なく、（いるなら）兄弟姉妹なども含め、家族揃って話し合う場が必要になる。家族間では照れもあるため、家庭でディスカッションを繰り返し、コミュニケーション能力を上げるというのは無理がある。

最も効果的なのは、高校の授業でグループディスカッションやワークショップが実施される際に、それを入試に見立てて真剣に取り組ませることだ。

ただ、それも毎回、同じ顔触れで、しかも気心が知れた同級生とのコミュニケーションになるため、全く知らない受験生同士で議論することになる入試環境とは大きく異なる。

そこで筆者は、もし可能であれば、以下の三点をお勧めしたい。

◇学校や家庭以外でコミュニケーション能力を磨き、グループディスカッションなどにも強くなる方法

○アルバイトを経験させる＝年代の異なる人たちと店舗の運営や売り上げ向上について話す機会が持てる。高校で許可されているのであれば試してみたい

○ボランティアに参加させる＝被災地、介護施設、学童保育など、社会の縮図を実体験でき、問題意識も持てるようになる

○イベントに参加させる＝地域の祭り、体育祭などのスタッフ、NPOなどが主催する地域づくりのワークショップ、海外の高校生との交流会などは、子どもの視点を地域や国際社会へと向ける一助になる

特に、ボランティアやイベントへの参加は、地方であってもネット検索で見つかるので、高校の規則に反しないものであれば、短期でも参加させてみるといい。

ロールプレイング能力をどうつけるか

ロールプレイングとは、誰かの立場になって対策を議論し、解決策を導き出す作業を指す。

これまでに述べてきたように、保護者と子どもとで、市の職員の立場になって、オーバーツーリズム対策をどうするか、といった話し合いでも身につくものだが、

「あなたが農家だったら、新品種のりんごをどうやって広める？」

「あなたが校長だったら、メジャーリーガーの大谷翔平選手からプレゼントされたグローブをどう活用する？」

「あなたが市長だったら、国からの一億円という補助金をどう使う？」

このような日々の問いかけが重要になるものだ。

筆者が、かつて自分の娘に投げかけた問いを紹介しよう。

阪神・淡路大震災や東日本大震災、そして熊本地震などの被災地では、住民が避難している小学校に、NPOなどからおやつが差し入れられることがある。

たとえば、住民三〇〇人が避難している小学校に、二五〇個のシュークリームが差し入れられた場合、あなたが避難所の責任者だったらどう配分するだろうか。

文句が誰からも出ないように公平を期すには、「足りない人が出てくるので、差し入れを受け取らない」や「追加の五〇個が来てから配布する」が考えられる。

しかし、「受け取らない」では、贈った人の意に添わないことになり、日持ちがしない食べ物であることを考えると、差し入れの追加を待つ余裕もない。

「甘いものが苦手な人や糖尿病などで食べられない人を除けばいいのでは?」

「子どもには一個ずつ分けて、大人はゲームで決めれば楽しめるのでは?」

このように、大多数が納得してくれる方法を、自分が責任者になったつもりで考えることが、ロールプレイングなのである。

「お金がない人に医療を提供することについてどう思うか」

たとえば、以前、慶應義塾大学医学部の二次試験で出題されたこの問題などは、医師になったつもりで答えるロールプレイングの代表的な問題だ。

シュークリームの分け方も医療提供の是非も答えは一つではないが、「納得解」は必要になる。これも家庭での対話の積み重ねで強化できると思うのである。

プレゼンテーション能力をどうつけるか

プレゼンテーションは、端的に言えば、第三者からの同意や共感を取りつける手法である。

「バレーボール部でキャプテンをしていました。そのリーダーシップを活かし……」

「カナダに短期留学しました。貴学では異文化体験をさらに深めたい……」

総合型選抜入試や国公立大学などの二次試験の面接でこのように語っても、キャプテンだからといってリーダーシップがあるとは限らず、異文化体験と言われても、どのような体験をし、それからどんな気づきを得たのか、はっきりしない。

バレーボール部のキャプテンとして、初心者の後輩の面倒をどう見たのか、それによって後輩はどう変わったのか、カナダに留学をし、最初に衝撃を受けた体験は何だったのか、それによって自分はどう変わり、さらに何を学びたいと考えるようになったのか、そのストーリーがないからである。

ビジネスの世界では、近頃、プレゼンテーションをする際のポイントとして、「スペックよりもストーリーが大事」と言われる。

「新築マンションのこの部屋は、最寄駅から徒歩三分で一〇〇平方メートル」

「このクルマの燃費はリッター二〇キロ以上で、しかも出力は二〇〇馬力以上」

このように、数字上の利点（スペック）を力説するよりも、その部屋で暮らせば、こんな都会的な生活ができる、とか、そのクルマに乗れば、これまでとは違うカーライフが楽しめる、といった感覚上の利点（ストーリー）をアピールしたほうが、購入を検討している客の心を動かすというのである。

先に述べたように、「この物件（このクルマ）がおすすめです」と結論を述べ、その理由を数値で示すロジカルシンキングの手法は重要なのだが、それにプラスして、相手の心を動かすには、ストーリーの要素が不可欠なことも忘れてはいけない。

アメリカ大統領選挙で、バラク・オバマ元大統領が「YES WE CAN」のフレーズで有権者を熱狂させ、ドナルド・トランプ前大統領が「MAKE AMERICA GREAT AGAIN」のキャッチコピーで勝利したのは、

「私が大統領になれば、皆さんにはこんな明るい未来が待っている」

というストーリーを、有権者に思い描かせることができたからだ。

大学入試で、面接があり、「なぜ、わが校に？」と志望理由をプレゼンテーションさせられる可能性がある場合は、「留学制度がある」や「ゼミが充実している」といったスペックに加えて、子ども自身の体験談や将来への熱い思い、つまりストーリーを語らせてほしい。

「私には○○をした経験がある。それから得たのは△△という経験と、それから得た□□という思いだ。それを深めていくには政治学科がふさわしいと思うようになった。なぜなら政治には世の中を変えていく力があると思うからだ。貴学には、◇◇という制度があり政治を学ぶには他大学にはない魅力がある。私は貴学に入学し××について学び、○○という将来の夢を叶えたい」

このようなプレゼンテーションができれば説得力は増す。

プレゼンテーションのコツは、緊張を抑えるため、最初、ゆっくりと話し始めることとか、会場全体をローマ字の「Z」を描くように見ながら話すことなどいくつかあるが、大学入試に限れば、「スペック＋ストーリー」に留意して練習すれば、相当、上達するので、是非、家庭で実践してみていただきたい。

実際、筆者も、国公立大学や早慶をはじめとする難関私立大学を総合型選抜入試で受ける高校生に、「スペック＋ストーリー」を意識した指導を徹底している。

大学入試で問われる「自分軸」

二〇二五年度以降の大学入試では、一般入試でも総合型選抜入試でも、記憶した知識を再生するだけでは解けない問題の出題が予想される。

知識をもとに論理的に、そして批判的に思考しなければ高い評価が得られない問題に向き合うには、「私はこう考える」という「自分軸」が必要になる。

二〇二二年度から高校で導入された新学習指導要領によって、グループディスカッションやワークショップ、それにプレゼンテーションなどアクティブラーニング型の授業を採り入れる高校が急増しているが、それは、能動的に探求する機会がなければ、大学入試で勝つだけでなく、人間の仕事がAIに取って代わられようとしている社会の中で取り残されてしまうからにほかならない。

子どもたちは、これらの授業を通して、まず自分が意思決定することの大切さに気づくはずだ。その気づきこそが「自分軸」形成への第一歩になるのだ。

東京のかえつ有明中・高等学校で校長を務め、聖ドミニコ学園のカリキュラムマネージャーなどを歴任してきた石川一郎氏は、著書『二〇二〇年の大学入試問題』（講談社現代新書、二〇一六年）の中で、「自分軸」について次のように語っている。

——知識や技能は客観的なものですが、「自分軸」は他の誰も同じ位置に立つことができない自分自身の立ち位置です。仲間と自分、教師と自分、社会と自分、自然と自分、世界と自分……。身近なところから大きな世界まで、一貫する「自分軸」を持ち、それをお互いに尊敬しあえる信頼関係を構築します——

これには筆者も同感だ。

自分にとって知識や技能はどう役立つのか、そしてどう役立てるのか、自分は世の中の事象について、知識や技能をもとにどのようにとらえ、どんな判断を下し、それをどういうふうに表現していくのか、周りとの関係の中で気づかせることが重要なのだ。

本書の中で、親子間で様々なコミュニケーションを、そしてニュースなどを見ながら真剣な対話を、と述べてきた理由の一つは、子どもに「自分軸」を持たせるためでもあるのだ。

「自分軸」の重要性はまだある。

特に、学校推薦型入試や総合型選抜入試で受験する場合、「合否を分ける」と言われる志望理由書の作成過程で、「自分」について記述しなければならないからである。

「なぜ、本学か?」「そう考えたきっかけは何か?」「本学では何をどう学びたいか?」「それを将来、どう活用しようと考えているか」、志望理由書でほぼ一〇〇%問われるこれらの問いに答えるには、子どもに「自分軸」が必要になる。

「うちの子には、そんなものはない」

と心配する必要などさらさらない。

AO入試と呼ばれていた時代に慶應義塾大学法学部に合格した筆者の娘もそうだが、現在、指導をしている受験生も、最初から「自分軸」が定まっているケースなどまずない。

志望理由書を作る中で、子ども自身が過去を振り返り、おぼろげながらでも将来の自分像を描く中で、「僕(私)はこれだ」と気づいていくものだ。それが「自分軸」になっていく。子どもだけでは難しいという場合は家族で話し合い、一緒に考えていけばいい。

反抗期は待つ姿勢と「リフレーミング法」で乗り切る

「子どもとの対話を増やしたくても、反抗期で振り向いてくれない」

講演で質問を受けつけると、しばしば聞かれる言葉である。

そういう場合は、「反抗期=頭が良くなるとき、子どもが成長しようとしているときに起こる副作用」とでも考え達観するしかない。

そもそも「親」という字は「木の上に立ち見る」と書く。

もともと高いところから見ていることしかできないというのが保護者である父親や母親の役割なのだ。

『学年ビリのギャルが1年で偏差値を40上げて慶應大学に現役合格した話』（KADOKAWA、二〇一三年）の著者として知られる坪田信貴氏は、自身が経営する坪田塾のホームページにコラムを掲載し、反抗期について、保護者には「思春期とは『そういうもの』。子どもが順調に成長している証拠」、子ども本人に向けては、「自分で考えて自分の言葉にして、親にその理由を伝えることが大切」と語りかけている。

また、首都圏屈指の進学校、麻布中・高校の平秀明校長は、「子どもに『あなたのことは信頼しているからね』というメッセージを送ることと、生活リズムの乱れだけは正すこと」

この二つを反抗期対策のポイントに挙げている。

肝心の子どもに学びへのスイッチが入らなければ、保護者として気を揉むのは当然だが、受験が近づけば、当事者である子どものほうから動きが出てくる。

「パパ、学校に来た指定校推薦に出してみようと思うんだけど？」

「お母さん、総合型選抜入試で受験したい」

財布の紐を握っているのは保護者なので、早いか遅いかの違いはあっても必ずアクションを起こしてくるのを気長に待ってほしい。「親」という漢字に立ち返るなら、木の上から嵐が過ぎ去るのを待つ感覚でいいのではないだろうか。

ここで注意したいのが、最近の子どもの中には、反抗期らしい反抗期がない割に、保護者に本音を語ろうとしない子が増えてきたことだ。

取材を重ねていると、保護者が、子どもを転ばせないよう先回りをしてきた家庭が増加したこと、そして、子ども部屋にパソコンとテレビ、スマートフォンが完備され、関心を寄せる対象が親ではなくなってきたことなどが背景にあるようだ。

この場合も、子どもにスイッチが入るのを待つことと家族でのコミュニケーションを大事にする姿勢だけは忘れないようにしたい。

待てない方は、しばしば家族療法の用語として使われる「リフレーミング」という手法を試してみてほしい。

「リフレーミング」とは、文字どおり、物事を見る枠組み（フレーム）を変えて、別の枠組みで見直すという意味だ。

たとえば、「お帰り！」と声をかけ、子どもから「うるせえな」と乱暴な言葉が返ってきたら、普通は「親に向かってその口のきき方は何だ！」と怒鳴りたくなる。

そこをグッとこらえて、

「あー、びっくりした。父さん、急に胸が痛くなった」

と返してみるといい。そうすると、子どもの中で「えっ？　これまでと反応が違う」という波紋が拡がる。こういうことを繰り返しやっていくことで、「ただいま」という返事が返ってくるようになったりする。

Aという手法でうまくいかなければやめる、Bという手法で改善が見られれば続けるというのが「リフレーミング」の手法なので試してみていただきたい。

大切なのは「聞く力」と「聞かない力」

二〇二一年十月、岸田内閣が発足した当初から岸田総理大臣が強調してきたのが「聞く力」である。

この「聞く力」は、高校生を持つ保護者にこそ重要な要素である。筆者自身の反省も込めて言えば、保護者の多くが、きちんと子どもの声を聞いていないと思われるからだ。

筆者はしばしば、指導をしている子どもの多くから、「親は最後まで話を聞いてくれない」という憤りの声を耳にする。途中で、保護者としての意見を割り込ませてきたり、話し終わっていない段階で否定したりすることがままあるというのだ。

「何を考えてんだか……。はっきり言いなさい」

などと語りながら、その実、最後まで話を聞けていない、途中で自分の意見をかぶせる、では、子どもが不満を持ち、対話しなくなるのも当然だ。

今まで述べてきたように、自分の意見をしっかりと述べることは、大学入試において重要な要素になる。

異なる意見や立場を、まず尊重したうえで、自分の考えを述べ、同意が得られるよう働きかけていく姿勢は、国公立大学の二次試験や、国公立や私立大学の総合型選抜入試、もっと言えば社会に出てから問われる技量になる。

その素地を作るのが家庭だ。

◇家庭で、保護者が子どもに対して上手に「聞く力」を発揮する方法
○相手の話を全部聞いてから話す
○言外に否定せず、共感してみせる
○話を聞くときの表情や態度に気をつける
○時折、相槌を打ち、気になった点は質問してみる

近年、相手の目標達成をサポートするためのコミュニケーション手法として「コーチング」が注目されているが、その中の重要な要素となるのが「傾聴」、つまり、「聞く力」である。家庭では、今、列記した四つの点に留意し、「ちゃんと聞いていますよ」という姿勢を見せていただけたらと思う。

他方で、「聞かない力」も大切だ。

高校生あたりの子どもは、保護者が思う以上に大人の部分と、まだまだ幼い部分が共存している。

幼い例で言えば、「キャンパスが綺麗だから○○大学に行きたい」、「親友の△△ちゃんが指定校推薦で決まったから私も一緒に入学したい」、「偏差値が高いので□□大学なら胸が張れる」などといった理由で進学先を決めようとしたりする。

そういう見方には、一定の共感を示し、穏やかな表情で受け止めながらも、社会人として生きてきた経験や時代の流れなどから、「それはダメ」と判断しなければならない場合もある。

子どもの意見を尊重しながら、子どもの考えに迎合せず「聞かない力」を発揮するというのはバランス的に難しいことかもしれない。

それでも、子育てというマラソンレースの中で、保護者は子どもの「伴走者」の役割を果たす必要がある。
間違った方向に行きそうな場合、軌道修正させることは、「伴走者」の務めである。

本音のコラム（5）「子どもに持たせる二つの武器」

大学入試、そしてその先にある就職活動で満足する結果を得たいなら、子どもに二つの武器を持たせたい。筆者の場合、「話すこと」と「書くこと」を武器に、どうにかこれまで乗り切ってきたが、一つでは心もとなく、武器が複数あれば、社会がどのように変化しようと世渡りができると実感している。

大学入試の指定校推薦入試や学校推薦型入試では、基礎学力が一定程度あるという武器と、「生徒会長」、「○○部主将」、「ボランティア体験」など、もう一つ「売り」があると有利になり、総合型選抜入試でも、「部活動や課外活動での実績」＋「民間英語検定での高スコア」といった二つの武器があれば合格しやすくなる。

部活動や生徒会活動、運動部や文化部での実績や肩書き、地域活動やボランティア活動、留学経験や語学のスコア、何らかの資格やアルバイト体験などから、武器になりそうなものを見つけ組み合わせてみよう。

先々の就職活動も、ＥＳ（エントリーシート）を出すまでの手順は、総合型選抜入試と似ているため、武器が複数あると優位に立てる。

第六章

親が変われば子どもは変わる

経済格差より意識格差が問題

東京大学が毎年実施している学生生活実態調査によれば、東大生の保護者の年収は、一〇〇〇万円以上が最も多く四〇%を超えている。逆に、日本人の平均年収に近い四五〇万円未満の割合は、十四%から十五%に留まっている。

東大生の保護者の職業は「管理職」が四〇%近くと最も多く、奨学金で見ると、受給している学生の割合は約十五%と極めて少ない。

記憶に新しいのは、二〇一九年度の東大入学式で、社会学者、上野千鶴子氏が述べた祝辞である。

――あなたがたの努力の成果ではなく、環境のおかげだったことを忘れないようにしてください。あなたたちが今日「がんばったら報われる」と思えるのは、これまであなたたちの周囲の環境が、あなたたちを励まし、背を押し、手を持ってひきあげ、やりとげたことを評価してほめてくれたからこそです――

この祝辞は、東大生に裕福な家庭の子どもが増え、そういう家庭で育った東大生が、それを「普通のこと」ととらえていることに警鐘を鳴らしたものだ。

たしかに、お金があれば、学力を塾や予備校、家庭教師などで補強でき、受験対策が手厚い私立の中高一貫校にも通わせることができる。

しかも、今後ますます「思考力」や「表現力」などが問われるようになる大学の一般入試、そして、民間英語検定のスコアや志望理由書、それに活動報告書が重要になる学校推薦型入試や総合型選抜入試を思えば、何度も検定試験を受け、短期留学など様々な体験を積むことができる子どものほうが有利になるのは当然だ。

東大に限らず、早稲田大学や慶應義塾大学などでも、経済的にゆとりのある家庭の子どもが多い実情を考えれば、マスメディアが伝える「難関大学受験は裕福な家庭の子どもが有利」、「親の経済格差は子どもの学歴格差になる」といった見解は正しいと言うほかない。

ただ、子どもたちの学力が伸び悩んでしまう理由を、「お金がないから」という答えに帰結させてしまうのは、保護者として何も対策を講じていないに等しい。

事実、東大や早慶にも、高所得とは言えない家庭の子どもも一定数存在する。

東大で言えば、「年収七五〇万円未満」の家庭の子どもが三〇％程度存在し、前述したように、「年収四五〇万円未満」の家庭の子どもも一定数いる。お金はなくても、保護者の意識しだいで子どもの学力は伸ばせるのだ。

もちろん、保護者の教育に関する意識や子どもへの働きかけが、子どもの学歴にどう影響するかは、経済格差とは違って計量的に把握することは難しい。

しかし、精神科医で「受験の神様」とも呼ばれる和田秀樹氏は、筆者が担当してきたラジオ番組で幾度となくこのように語っている。

「子どもの学力は、親の意識によって変わる。保護者の考え方一つで伸ばせる」

同様の指摘は以前からあり、たとえば、二〇〇七年に第一生命経済研究所が発表した「子どもの学力格差を生む親の意識調査」では、「子どもの勉強を親がどの程度支えているかという格差やそれを行おうとする親の意欲格差の広がりも、子どもの学力格差を拡大させた大きな要因」と結論づけている。

経済格差は一朝一夕には改善できないとしても、意識格差はすぐにでも解消できる、保護者の意識が変われば子どもは伸ばせる……、本章では、そんな話を述べていこうと思う。

親は「自分ファースト」を貫く

保護者の最大の役割は、子どもを自立させること、言い換えるなら、一人でも生きていくことができる知恵を授けることだ。

高校生を持つ保護者の多くが、四〇代後半から五〇代だと思うが、やがて訪れる定年とその後の第二の人生を視野に、父親と母親それぞれが、これからの人生プランを最優先に考えてみることをお勧めしたい。

なぜなら、保護者が活き活きとしている姿を子どもも見ているからだ。

たとえば、「私は五年後に独立して起業する」や「今から韓国語を習得する」といった目標を立てたなら、それを計画的に進めることだ。

そして、誰にでも平等に与えられている二四時間という有限の資源を、どのように使っているかを子どもにも見せながら継続していくことだ。

そうすれば、その姿を見ている子どもも、おぼろげながら将来の夢を描き、一日一日を大切にするようになる。

子どもを伸ばす鍵は学習計画の有無だ。自分のためにいかに無駄なく時間を使い、目的を達成するかを、父親や母親の姿から学ばせるのだ。

「二四時間の中で自由にできる時間を、〇〇に充てようと思ってるんだ」

こんな声掛けができればベストだ。

保護者もそうだろうが、子どもにとっても、一日の中で自由に使える時間は案外少ない。

「高校での授業、部活動」、「習い事、塾」、「高校と自宅、自宅と塾の移動」、それに「食事、お風呂、睡眠」の時間を差し引けば、数時間しか残らない。

それをどうやり繰りするかを考え、具体的にアクションを起こすという二点ができれば、受験対策の生産性は一気に上がる。

近年、企業や組織で生産向上や品質管理の手法として定着してきた考え方に、計画→実行→評価→改善というPDCAサイクル（P＝Plan、D＝Do、C＝Check、A＝Action）があるが、PとDの部分を子どもに見せてほしい。

「今、お父さん（お母さん）は○○をしようと計画し、△△に打ち込んでいる」

このように、「自分ファースト」で努力する姿を見せることができれば、子どもも志望校合格に向け学習計画を立てるようになる。それが自立にもつながっていく。

子どもを「コンサマトリー化」しない

二〇世紀のアメリカの社会学者、タルコット・パーソンズによる社会システムに関する造語に「コンサマトリー」という言葉がある。

「コンサマトリー」とは、「今」に重点を置き、それが満ち足りることを重視する価値志向を表す言葉で、「自己充足的」で「現状快楽型」とも言える行動を指す。

社会学者の古市憲寿氏は、著書『だから日本はズレている』（新潮新書、二〇一四年）の中で、「コンサマトリー」について、「『今、ここ』にある身近な幸せを大切にする感性。仲間たちとのんびりと自分の生活を楽しむ生き方」と表現している。

筆者は政治記者で、選挙の投票行動を分析したりもしている。その中で今の自分自身の生活を肯定的に受け止め、充足感と生活満足度を享受している若者層の増加が、与党候補への投票となって現れ、自民・公明両党による長期政権を可能にしてきたように感じている。

この「今を楽しく生きる」という現状快楽型の姿勢は、いかにも今風で、大学教員として学生と接している筆者からすれば、共感できる点もなくはない。

ただ、やはり、目標を設定して、そのために今を生きるという姿からはかけ離れている。「コンサマトリー」の対義語となるのが「インストゥルメンタル」で、日々、努力しながら将来を見据えるという未来志向型の姿勢である。

どちらにも長短があるので一概に肯定や否定はできないが、子どもを志望する大学に合格させたいなら、子どもを「コンサマトリー化」させないこと、つまりは、保護者自身が、どちらかと言えば、「インストゥルメンタルな生き方」を選択したほうがいい。

保護者の年代、つまり、四〇代後半から五〇代になると、給与所得者の場合、職場での立場が、「出世コース」と「非出世コース」に大別されてくる。

国家公務員（特に官僚）やメガバンクなどはその典型だが、ある年齢で昇進が止まる人と、五〇代前後から駆け足で昇進していく人に分かれてくる。

◇主な企業の四〇代後半から五〇代の処遇（筆者調べ）
○メガバンクM社　＝五二歳で出向か転職
○家電メーカーS社　＝五〇代前半で課長クラスの役職定年。年収二割減
○大手不動産N社　＝四〇代で出世競争は決着。敗れた人は出向
○住宅メーカーD社　＝五〇歳で役職定年、多くは関連会社に移る
○自動車メーカーN社＝五〇歳で役職定年、年収大幅減

「今、まずまずの収入もあるし、まあまあ楽しい毎日を過ごしている」という「コンサマトリー」的な人であっても、昇進の波に乗れなければ、実績もあり体力も気力も衰えていないにもかかわらず、出向や役職定年、そして減収という現実に直面することになる。

そうでなくとも、「人生一〇〇年」と言われる時代である。二〇二〇年三月、国会では改正高齢者雇用安定法（七〇歳定年法）が成立し、翌年施行されて、七〇歳まで働くこと

「バックキャスティング」と「フォアキャスティング」

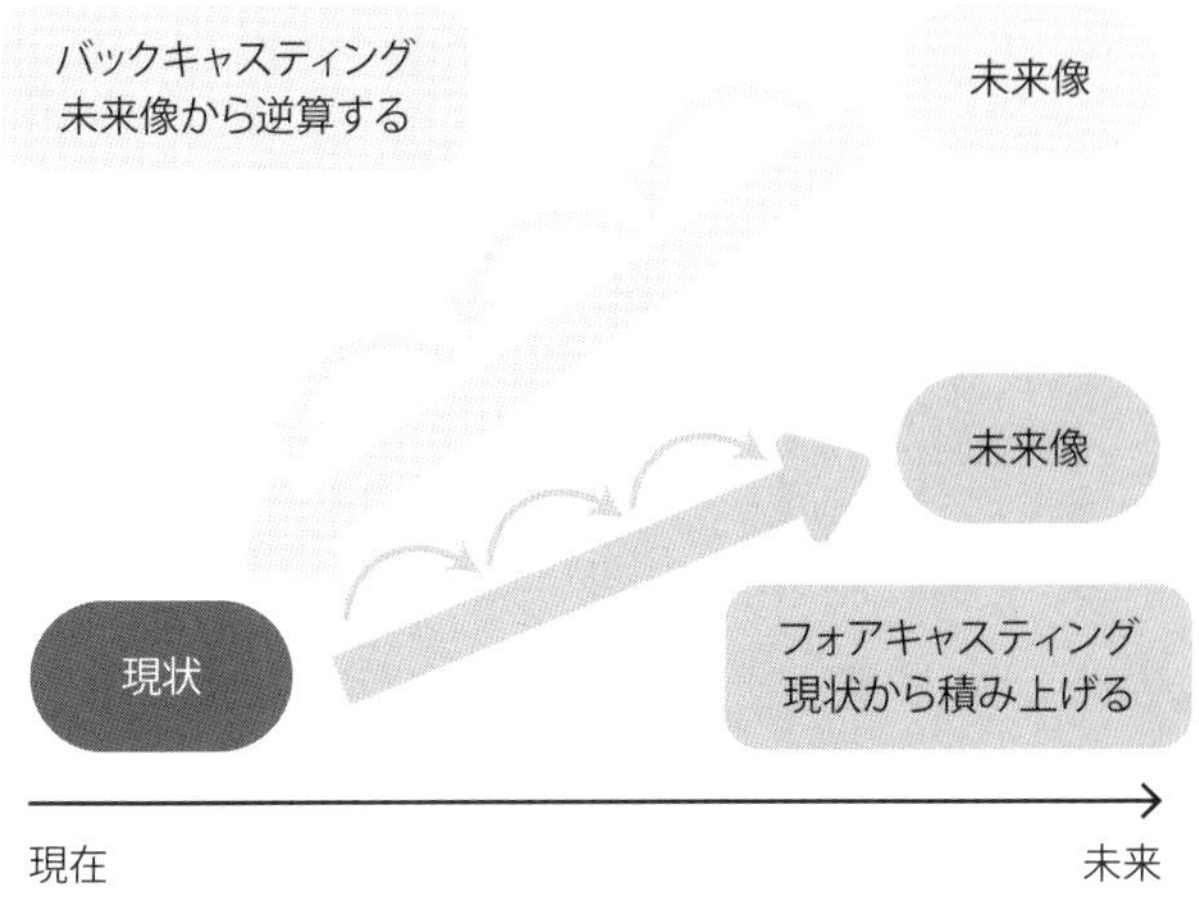

ができる環境が整いつつある。

逆に、年金受給年齢も、「六五歳から七〇歳へ」と引き上げられる環境整備が進み、私たちは、これまでとは違う第二の人生を余儀なくされつつある。

この点からも、保護者は、現状快楽型ではなく未来志向型であってほしいと思うのである。そのヒントとなる生き方を図で示してみよう。

一つは、思い描く未来像から逆算して、それを実現させるには何をすればいいのかを考える「バックキャスティング」と呼ばれる手法だ。

もう一つは、現状から一つ一つ積み重ね未来へとつなげる「フォアキャスティング」と呼ばれる手法である。

どちらかと言えば、前者のほうが計画を立てやすい。その姿を見ている子どもも、「志望校合格」という未来像に向け、

「一か月前にはこのあたりまで仕上げる」→「三か月前にはこのくらいまで」

と、長期の行動計画を策定しやすくなる。

まず、保護者が実践し、いい形の前例を作っていただけたらと思う。

親こそ失敗を恐れない

大学で学生の就職活動の指導をする中で、「企業が書かせるES（エントリーシート）に多く出てくる」と感じたのが次の質問である。

「人生最大の挑戦は何ですか？」

「過去最大の失敗と、それをどう乗り越えてきたか書いてください」

といったものだ。同様の質問は、大学入試の総合型選抜入試でも、志望理由書や面接で問われることがある。

「高校生活で最も苦労したことは何ですか？」

「大学入学後、どのようなことに挑戦したいですか？」

就職活動や大学入試で問われるこれらの質問は、受験生本人のチャレンジ精神と苦難を乗り越える力、そして継続力や耐性を測るためのものだ。

ところが、今の子どもたちは、保護者が先回りしてサポートし、子どもから失敗体験を奪ってきたせいか、高校や塾で子どもたちが傷つかないよう、必要以上に丁寧な指導が行われ、ポジティブな言葉だけが投げかけられてきたせいか、ちょっとしたことで投げ出したり、大学に出てこなくなったりするケースがあまりにも多い。

その結果、失敗経験が乏しく、失敗に対する免疫がないため、いざ失敗すると立ち直れないほどの痛手を負う若者が増加しているように思えてならない。

本書のテーマである大学入試で言えば、模試で失敗することもあれば、本番でミスを重ね、不合格になってしまうこともよくある。本番を控えた模試で悪い結果が出れば落ち込み、最初の大学入試で落ちてしまうと、次の入試への気力が萎えてしまうことだってある。

そんな場合、「別にどうってことない」と開き直ったり、「次こそ」と奮起したりする力があるかどうかは、社会に出てからも大きな差になる。

少しの失敗で立ち直れなくなる学生、成功しないと傷ついてしまう若者を見てきた筆者としては、それぞれの家庭で、子どもが高校生の間に「失敗力」を育てていただきたいと切に願う。

◇家庭で「失敗力」をつける方法

○保護者自身がどんどん挑戦し、失敗を恐れない

筆者は、職場では番組企画、職場外では大学院入試への挑戦や書籍出版へのチャレンジを繰り返し、その成功も失敗も子どもにすべて見せてきた。そうすることで、子どもも「挑戦し失敗しても何ら問題はない。修正して再チャレンジすればいいのだ」と感じてくれるようになる

○子どもに、最初から成功を求めない

転ばないよう先回りして手を差し伸べることはせず、「挑戦すれば失敗もある、ただ、挑戦しない限り成功もない」ことを教える

子どもが何かに挑む場合、成功は求めず、保護者自身の「失敗体験」を語りながら、失敗して立ち上がることのほうが大切であることを教える

これらは、筆者がわが家で、そして大学での指導で実践してきたことだ。カッコいい父親、立派な先生どころか、カッコ悪い父親、情けない先生という実像を見せながら、「一つの方法がダメなら、ほかのやり方を試せばいい」と教えている。

それが、先に述べた、別の視点でやり直してみるというリフレーミングの手法であり、社会に出たとき重要になる問題解決能力にもつながっていく。

家族で「志」を可視化する

筆者が、総合型選抜入試で受験しようとしている高校生を指導したり、大学で就職活動を控えた学生の相談を受けたりする中で、気づかされてきたのが、「夢や目標がない」という子どもが案外多いという事実である。

夢がない理由を深掘りしてみると、

「自分に自信がないし、やりたいことが分からない」

「親に『そんなの無理』とか『食べていけない』と言われる」

などといった答えが返ってくる。

これらを解消するには、第五章で述べたように、子どもの一番近くにいる保護者が、自己肯定感が持てるような言葉がけをする、そして互いに多忙な保護者と子どもであっても、ときには家族で将来について考える時間を設ける工夫が必要になる。

また、子どもが、「ゲーマーになりたい」とか「タレントを目指したい」など、保護者としては「本当になれるのか？」、「なれたとしても生計を立てていけるのか？」と心配になる職業を口に出してきた場合でも、いきなり全否定はせず、子どもが具体的にどんなプランを描いているのかを尋ね、子どもの夢や目標の実現も含めて、様々な可能性を残すことができる大学や学部はどこかを、子どもが納得するまで話し合っておきたい。

そして、子どもだけでなく、父親や母親も含め、それぞれが夢や目標を語り、実現のためのプランを家族間で共有し、それを図などにして食卓など全員が見る場所に貼りつけ、可視化しておくとなおいい。

将来に明確な目標がある子どもに聞けば、

「親は親で、目標を持って、習い事に通ったり勉強したりしていますよ」

といった答えが聞かれることがある。これは、家族全体でそれぞれの夢や目標を応援し合う空気が醸成されている証拠だ。

子どもは子どもなりに、親の姿を見たり、世の中の変化を感じ取ったりしているので、子どもが何を目指していても心配せず、「志」を可視化し合えばいい。

表を見ていただきたい。これは、二〇二三年、ソニー生命がまとめた「中高生が思い描く将来についての意識調査」のうち、高校生に関する部分だ。

これを見ると、高校生は男女を問わず、公務員や教員など安定した収入と働き方ができる職業を、将来の夢や目標として持っていることが分かる。

高校生が将来なりたい職業 ［複数回答形式（3つまで）］

［2023年調査］

	男子高校生（n=400）	%
1位	公務員	15.8
2位	ITエンジニア・プログラマー	11.8
3位	会社員	10.0
4位	教師・教員	8.5
5位	学者・研究者	8.3
6位	ゲームクリエーター	8.0
7位	プロスポーツ選手	7.8
8位	YouTuberなどの動画投稿者	7.5
	ゲーム実況者	7.5
10位	ものづくりエンジニア（自動車の設計や開発など）	5.5
	運転手・パイロット	5.5

	女子高校生（n=400）	%
1位	看護師	14.2
2位	公務員	11.5
3位	保育士・幼稚園教諭	10.3
4位	歌手・俳優・声優などの芸能人	9.8
5位	デザイナー（ファッション・インテリアなど）	8.5
6位	教師・教員	8.3
7位	YouTuberなどの動画投稿者	7.8
	美容師	7.8
9位	ショップ店員	6.8
10位	カウンセラーや臨床心理士	6.5

［2021年調査］

	男子高校生（n=400）	%
1位	YouTuberなどの動画投稿者	15.3
2位	社長などの会社経営者・起業家	13.5
3位	ITエンジニア・プログラマー	13.3
4位	公務員	12.0
5位	教師・教員	9.5
6位	ゲームクリエーター	6.8
7位	ものづくりエンジニア（自動車の設計や開発など）	6.5
8位	ボカロP（音声合成ソフト楽曲のクリエーター）	5.8
	プロeスポーツプレーヤー	5.8
	ゲーム実況者	5.8

	女子高校生（n=400）	%
1位	公務員	11.5
	看護師	11.5
3位	教師・教員	10.3
	歌手・俳優・声優などの芸能人	10.3
5位	保育士・幼稚園教諭	9.8
6位	会社員	9.0
7位	ショップ店員	8.0
8位	YouTuberなどの動画投稿者	7.5
	マスコミ関係（記者・テレビ局スタッフなど）	7.5
10位	デザイナー（ファッション・インテリアなど）	7.2

新型コロナウイルス感染拡大やロシアによるウクライナ侵攻で物価高が深刻化した世相を反映してか、二〇二一年よりも二〇二三年のほうが、その傾向が強い。

この調査では、三〇歳時点と四五歳時点での年収のイメージも聞いているのだが、平均値を取ると、三〇歳で七五七万円、四五歳で九九三万円となった。

なりたい職業も年収イメージも無難なところだが、筆者は、高校生であれば、もっと大風呂敷を拡げ、尖った部分があっていいと思っている。

大学入試は、受験生の総合力を測る入試へと「脱皮」しつつあるが、これは「何でも無難にできる子ども」を求めてではない。一定の基礎学力に加え、何かの分野で光るものがある、尖った部分がある子どもを求めているのである。

したがって、保護者から見て「立派でない夢」を否定したり、子どもの夢がコロコロ変わることをたしなめたりせず、どんな夢や目標であっても、ひとまず応援し、保護者とも、一か月ごと、あるいは一年ごとの到達目標などを可視化し合うようにしてみてはどうだろうか。

子どもと感動を共有する機会にお金を惜しまない

筆者が教壇に立ってきた大妻女子大学の夏季集中講座では、毎年、ゲスト講師として東京ステーションホテルで総支配人を務める藤崎斉氏をお迎えしてきた。

ある年、藤崎氏は、ホテルで働く者（特に幹部として働く者）に必要な要素として、「外交官」、「民主主義者」、「独裁者」、「曲芸師」、「ドアマット」という五つのキーワードを示した。

筆者は、これらの言葉を聞いて、高校生を持つ保護者、とりわけ父親にも必要な要素だと感じたものだ。

外で働く「外交官」。家族の声に耳を傾ける「民主主義者」、最終判断はしっかりするという意味での「独裁者」、いずれも必要な要素に思える。

中でも面白いと感じたのは「曲芸師」だ。

子育てに当てはめるなら、子どもと一緒に感動したり、ともに楽しんだりする能力と置き換えることができる。

高校生ともなると、部活動や塾通いが中心になり、親子で触れ合う機会は激減する。ただ、部活動は高校生活の一部だ。塾通いも日々の学習の延長にすぎない。高校生の子どもは、狭い範囲でせわしなく動いているということになる。

そんな日常に刺激をもたらすのが保護者の役割、「曲芸師」の仕事である。

分かりやすい例がアウトドア体験だ。

十年余り前の調査になるが、国立青少年教育振興機構が行った「青少年の体験活動等による意識調査」（二〇一〇年）によれば、海や川で貝や魚を捕る体験を何度もした子どものうち、「何でも最後までやり遂げたい」と考える子どもの割合が八六％にも上っている。

アウトドアでキャンプなどを楽しむ場合、どんな服装で行けばいいか、風が強いなら何の準備が必要か、テントはどう立てればいいかなど、考える力と行動が試される。

また、アウトドアを楽しむ先で「クマ出没注意」という看板を見れば、生態系の問題や人間との共存の問題に思いを馳せ、獲れるはずの魚が獲れなければ、地球温暖化の話題につなげることもできる。

キャンプ地がある自治体の商店街に活気がなければ、人口減少と過疎、地方創生に関して話をすることも可能になる。

つまり、アウトドア体験は、困難を乗り越えるタフな心の育成にひと役買うのに加え、社会問題に関して気づきを与える場ともなるのだ。

ここで試されるのが、藤崎氏が言う「ドアマット」だ。

筆者はこれを、忍耐力を意味する言葉としてとらえているが、子どもがうまくできなくても、きちんと意見が言えなくても、待ってみることが重要だ。子どもの中では、十分に化学反応は起きているので、先回りしたり、苛立ったりせず、子どもに任せることが貴重な体験になる。

アウトドアに限らず、親子で志望大学のオープンキャンパスに出かけたり、野球やラグビーなどの試合観戦に行ったりするだけでもいい。閉店してしまう百貨店や外国人観光客が増えた近くの観光名所など社会性がある場所に行くのもいいし、親子で何かボランティア体験をしてみるのもいい。

そうした非日常の体験と、体験の場で語る保護者の言葉が、子どもにとっては刺激になり、ストレス解消になり、気づきにもつながっていく。

親子旅のすすめ

非日常体験としては、親子旅もおすすめの一つだ。世界を震撼させた新型コロナウイルス感染拡大期が落ち着き、日常を取り戻した今、夏休みや春休みなどを利用して、短期で近距離でもいいので、保護者と子どもとで旅を楽しんでほしい。

筆者は大学で、たとえば、福島の被災地問題や沖縄の基地問題を語るとき、「福島や沖縄に行ったことがある人？」と手を挙げさせる。

また、インバウンドの急増でオーバーツーリズムになっている状況を語る際には、「京都や鎌倉に行ったことがある人？」などと尋ねている。

アメリカやヨーロッパならともかく、七〇人ほどいるクラスで一人も手が上がらない状況には、毎年、驚かされている。

旅行するには時間と相応の金銭の消費が伴うため強要はできないが、東京都や千葉県の学生で、神奈川県鎌倉市にも行ったことがないというのでは、現状をイメージさせようがない。

逆に、総合型選抜入試で大学を受けようとしている子どもたちの中で、「地域の活性化に貢献したい」などと志望理由を語る子どもは、家族旅行や部活動の遠征などを通して様々な場所に足を運んでいる。

中には、韓国や台湾旅行なども経験し、「それらの経験を活かして、アジアの平和に資する外交官になりたい」と熱く語る子どももいる。

そういう体験がない子どもの中にも、「東京一極集中を是正したい」とか「地方のメディアで活躍したい」と語る子どももいるのだが、「なぜ、そう思ったの？ きっかけは？」と質問すると、答えに窮するパターンが多い。

本章の最初に格差の話をしたが、旅行体験の有無とそれに伴う意識格差は、大学入試でも、そしてその先の進路を決める際にも大きな差になると実感している。

このところ、「旅育」という言葉が注目されている。

「旅育」とは、旅先の地理や歴史に詳しくなるということだけでなく、旅先で得られる経験を通じて多くのことを学び、子どもの心や人間性の成長を促すことを目的としている。

言い換えれば、旅行には、子どもの世界観を拡げ、好奇心を持たせ、親子の絆を深める効能があるということだ。

子どもが高校生なら、目的地の選定から旅行日程まで子どもに一任すればいい。現地に着いてからも、移動に必要な切符の購入、どの手順で観光するかの判断、話題の飲食店選びなども任せればいい。そうすれば、「ここに行き、こんなことをした」という思い出と達成感が残る。

たとえばそれが沖縄であれば、ニュースで基地問題や台湾有事（中国が台湾を侵攻するとすれば、台湾はもとより沖縄も影響を受けるという問題）の話が流れてきた際、イメージしやすくなり、それが京都であれば、「オーバーツーリズム」という言葉を聞いただけで、京都の混雑具合を思い出しながら話ができるようになる。それが子どもの成長につながるのだ。

これが、同じ親子旅でも、東京ディズニーランドや大阪のユニバーサル・スタジオ・ジャパンだけだと少し物足りない。「楽しかった」だけで終わってしまうので、東京や大阪の別の何かと組み合わせて楽しんでいただけたらと思う。

もちろん、親子で海外旅行ができる余裕があればおすすめしたいが、たとえ「国内で数泊」であっても、旅行は何度か経験させてほしい。

親子で選挙に行く

二〇一六年六月に施行された改正公職選挙法。その目玉となったのが、「選挙権を十八歳に引き下げる」というものだ。

すでに、十八歳以上が投票する形で何度も国政選挙や地方選挙が実施されてきたが、十代、二〇代の投票率は低いままだ。

二〇二二年の衆議院選挙を見ると、全体での投票率も五五・九三%と高くないが、十代では四三・二一%、二〇代では三六・五〇%とさらに低くなっている。これが、地方自治体の議会選挙になるとさらに下がる。

ここで、シルバーデモクラシー（若者の投票率が低く、投票率が高い高齢者向けの政策が優先される状態）の是非を論じるつもりはないが、世の中で何が問題になっているのか、住んでいる地域ではどうかを、子どもにざっとでも理解させ、社会へと目を向けさせることは、気づきの第一歩になる。

とりわけ、法学部や社会学部、地方創生系の学部など社会科学系の学部を受験する子どもの場合、国公立大学の二次試験や国公私立を問わず総合型選抜入試を受ける際、論述問題や志望理由が問われる面接で有利になるはずだ。

そのためには、投票前からどの候補が勝ちそうか見えている無風の選挙であっても、保護者が投票に行くことだ。

そして、選挙期間中、一度でも二度でも、

「どんな候補がいて、何が争点になっているのか」

「なぜ、その問題が争点になっているのか」

この二つを語って聞かせることだ。

十八歳選挙権をめぐっては、全国の高校で「主権者教育」が実施されている。しかし、その多くは「投票の仕方」を学ぶのが中心で、各候補の政策や選挙の争点まで踏み込んでいるところは少ない。

はっきり申し上げて、「投票の仕方」や「選挙のルール」などはどうでもいい。

たとえば、産業廃棄物処理場の建設問題が争点になっている自治体の首長選挙であれば、その是非について親子で話し合ってみることだ。原子力発電所の再稼働について是非を問う選挙であれば、父親や母親が自身の意見を述べ、子どもにも考えを語らせることだ。

選挙は、国家や地域が直面している問題が凝縮され、争点となる絶好の機会だ。たとえば、二〇二四年の台湾総統選挙では、「台湾統一を目指す中国とどう向き合うのか」や「コロナ禍と中国による輸入規制などで落ち込んだ景気をどう建て直すのか」が争点になった。

四年に一度、実施されるアメリカ大統領選挙でも、「景気対策」、「人工中絶の是非」、それに「銃規制」などが争点となってきた。これらはいずれも、「病める大国」アメリカを象徴する課題ばかりだ。

それが、市町村議会議員選挙という小規模なものであっても、「人口減少」、「中心市街地活性化」、「高齢者施設建設問題」、「ゴミ処理問題」など、今の時代を反映した諸課題が争点になる。だから重要なのだ。

子どもと選挙に関する話をすれば、子どもなりに考え表現する機会が生まれる。正解が一つとは限らない課題について考える習慣もつく。その習慣が、二〇二五年を境に変化していく大学入試対策にもなる。

保護者が選挙について語り投票に行けば子どもも変わる……そう思うのである。

クライシスマネジメントを忘れない

新しい入試制度に対処するため、保護者が子どもに語って聞かせたいのが「クライシスマネジメント」である。

「えっ？　クライシスマネジメントって危機管理でしょ？　関係あるの？」

と思われるかもしれないが、様々な危機を先読みする力は、大学入試でどこの大学の何学部を受験するかの動機づけになる。

また、学校推薦型選抜入試や総合型選抜入試においては、志望理由を明確にし、面接で

「何を学びたいか」を語るうえで重要なファクターになるのだ。

皆さんは、二〇二〇年九月十六日、安倍政権を引き継いだ菅義偉総理大臣が、政権が目指す社会像として、「自助、共助、公助」を打ち出したことを覚えているだろうか。この考えは、

「自分でできることはまず自分でやってみる。そして、地域や家庭でお互いに助け合う。その上で、政府がセーフティネットでお守りする」

というもので、「自助を最優先、公助はあと回し」、つまり、「まずは自分で努力したり工夫したりしなさい」と求めるものだ。

考えてみれば、私たちの身の回りは危険であふれている。犯罪や事故をはじめ、インターネットやSNSを介しての誹謗中傷、地震やゲリラ豪雨などの自然災害。

そして、新型のウイルスへの感染リスクに、リーマン・ショックのような経済危機、さらには、中国や北朝鮮による軍事的脅威など種類も様々だ。

共通して言えるのは、これらの危険に備え、自分の身は自分で守り、地域の安全は地域で守らなくてはならないということだ。

言うなれば、個別的自衛権である。

しばしば、集団的自衛権の対義語として用いられる個別的自衛権は、他国からの武力攻

撃に対し、実力をもってこれを阻止・排除する権利を指すが、私たちの生活に置き換えれば、自分で自分に降りかかってくる災いを察知して防ぐ、あるいは、その影響を和らげるということになる。

もっと大きな話で言えば、少子化、過疎、地球温暖化、物価高、若者の政治離れ、半導体不足などといった社会問題だ。

これらに関しても、公的な支援を待つ前に、自分たちで「どうすれば改善できるか」を考えなければならない局面に来ている。

筆者は、まず保護者の皆さんに、危険や危機に関する意識を高めていただきたいと思っている。

保護者が率先して自然災害や新型のウィルスに備える姿、お祭りをはじめ自治会の行事などに参加し地域を盛り上げようとする姿、そして、海洋ゴミを減らす努力や物価高に対処して家計をやり繰りする姿を見せてほしい。そして、折に触れ、子どもにも、保護者の考えや対応策を語ってもらいたい。

子どもの学力向上に即効性はないが、遅効性の肥料のように、時間が経つごとに効果が出てくるはずだ。

◇クライシスマネジメントで得られるメリット
○先を読む力、この先、どうなりそうかという想像力が身につく
○社会で起きていることへの関心が高まる
○自己責任の感覚が植えつけられる
○実際に防災や減災ができ、命が守れる

子どもは転ばせて伸ばす

筆者が、総合型選抜入試で大学を受験する子どもたちを指導する中で、毎年のように感じさせられるのは、「保護者の干渉が大きすぎる子どもの受験はうまくいかない」ということだ。

地方の高校生の場合、Ｚｏｏｍのようなｗｅｂミーティング方式で志望理由書の書き方などの指導を行うのだが、子どもの傍に父親や母親が必ずいるような家庭の場合、希望どおりの結果を伴わないケースが多い。

保護者として、子どもがどのような指導を受け、どんな返事をしているのか気になるのは理解できるとしても、一般入試組も含めて、保護者が、子どもが転ばないように、先に先にと手を出している家庭では、子どもに自立心が育たず、何がやりたいのか曖昧なまま

受験に突入してしまう。そのため、

「本当は○○大学の△△学部を受けたかった」

「父親のすすめで受けてみたものの、自分が何を勉強したいのか分からない」

というモヤモヤした気持ちのまま本番を迎え、その結果、落ちてしまうのだ。

◇保護者の干渉はどうだったか（二〇二三年八月。同年春、総合型選抜入試で志望大学に入学した大学生への独自調査。サンプル数五〇）

○大きかった　九人

○普通だった　二一人

○あまりなかった　十二人

○その他（「何とも言えない」など）　八人

筆者の独自調査では、常に保護者と子どもとの関係を設問に入れている。こうして見ると、サンプル数は少ないながら、大きな干渉を受けなかった子どものほうが合格に結びついている傾向は読み取れるのではないだろうか。

これからの大学入試は、読み書き計算能力という「目に見える学力」で導く正解率の高さではなく、「目に見えない学力」である思考力や表現力のレベルを問う入試になる。

すでに、変わる大学入試を見据え、首都圏で約十八%、関西圏でも十%（いずれも二〇二三年度入試）の高い受験率を記録した中学受験でも、「思考型入試」や「自己プレゼン入試」を課す私立の中高一貫校が増えている。保護者の考えのお仕着せでは通用せず、受験生の考えで合否が決まる入試として筆者は高く評価している。

実際に入学してからも、「子どもの自主性を重んじる」、言い換えれば、「子どもは転ばせて伸ばす」という指導方針を採る伝統のある中高一貫校は、毎年安定して難関大学に多くの合格者を出しているのである。

有名どころでは、東京大学合格者ランキングトップ10から一度も外れたことがない東京の麻布中・高だ。

麻布中・高は「自由な学校」として知られ、「鉄下駄で学校に来るな」、「学校内で麻雀をするな」、「学校あてに出前を取るな」しか校則がない。生徒に「自由」を触らせ、それによって暴走したり失敗したりしても、生徒自らの力で立ち上がるのを待つというのがポリシーだ。

そのベースにあるのが、ぎこちなく成長する時期を見守る、子ども自身を信頼するという姿勢だ。

同様の指導方針は、先に紹介した奈良の東大寺学園中・高や東京の女子学院中・高でも実践されている。

もう一つ、東京の武蔵中・高も例に挙げたい。武蔵中・高にも校則はない。教員や生徒の服装も自由で、酷暑の夏はTシャツと短パンでOKという学校だ。

その指導の根幹にあるのは「自調自考」、すなわち、自分で調べ、自分で考えるという姿勢である。

武蔵中入試の理科の問題では、毎年、袋に入った何かが受験生に配布される。たとえば、「ネジとファスナー」とか「リング状の磁石」といったモノが毎年品を変え入っていて、それを試験後には持ち帰ることができるため、受験界では「お土産問題」と言われている。

要は、こうしたモノを見て、気づいたことや仕組みを答えさせるのだが、その狙いは、教科書や参考書で学んだ知識を問うのではなく、その場で触れ、調べ、考えるというところにも「自調自考」のポリシーが根づいている。

「今は何をしていても収まるところに収まるから、おおらかな目で見ようよ」

という姿勢が、逸材を輩出する原動力となってきたのである。

これらの学校の姿勢は参考にしたい。よほどのことがない限り、子どもを信頼して任せる……。保護者の焦りや見栄、過去の常識などは障害になると考えよう。

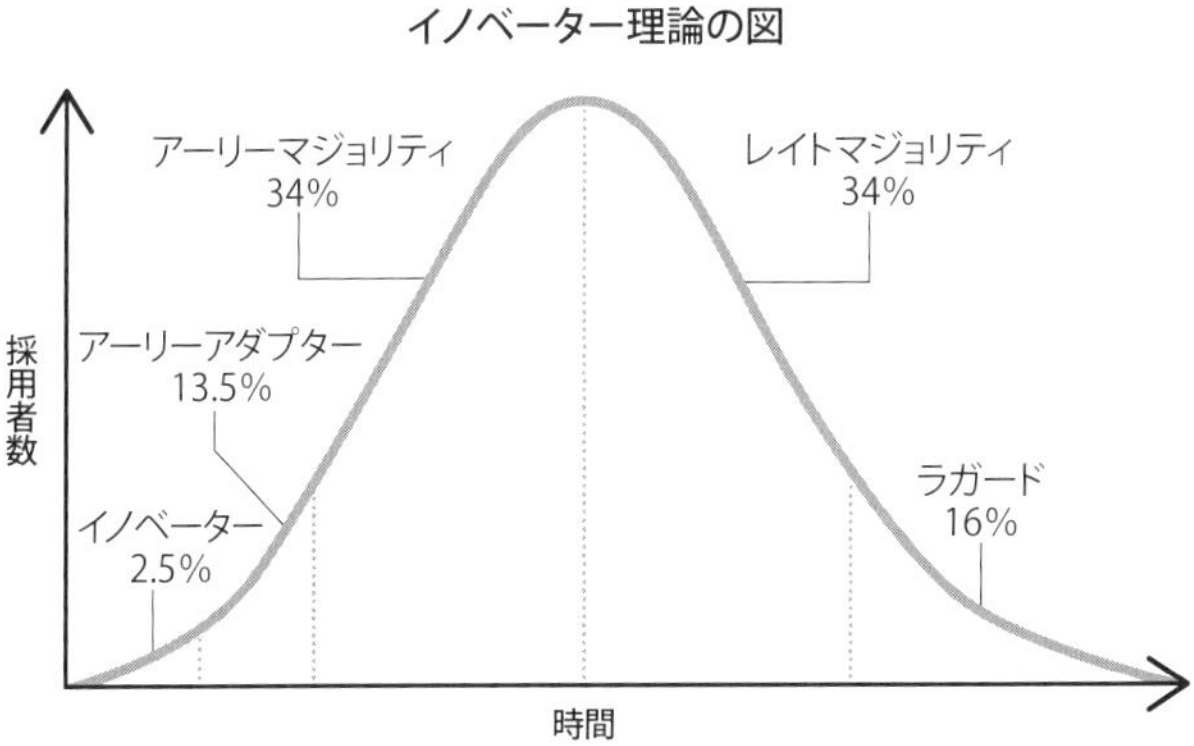

（日経クロストレンドフォーラム2023より）

応用したいイノベーター理論

最後にもう一つ、つけ加えるなら、一九六二年にアメリカのスタンフォード大学のエベレット・M・ロジャース教授によって提唱された「イノベーター理論」である。

「イノベーター理論」は、主にビジネスで使われる理論だ。図（日経クロストレンドフォーラム２０２３より引用）を見ていただこう。

新型のＥＶ（電気自動車）のケースを例に挙げれば、すぐに購入する革新的な人（イノベーター、インフルエンサー）が二・五％いれば、数か月遅れて購入する人（アーリーアダプター）が十三・五％、一～二年後に購入する人（アーリーマジョリティ）が三四％、数年後に購入する人（レイトマジョリティ）が三四％いて、全く見向きもしない保守的な人（ラガード）が十六％程度、存在するというものである。

これを子育てに当てはめた場合、東京大学や京都大学、あるいは、海外の有名大学に合格できる総合力を持った子どもがイノベーターの部分、一向に勉強をしようとしない子どもがラガードの部分と言えるかもしれない。

しかし、子どもは多様で、ある部分ではイノベーターだけれど、別の部分ではレイトマジョリティだったりラガードだったりすることもある。当然、その逆もあって、ある面ではラガードである子どもが、別の分野ではイノベーターだったりアーリーアダプターであるパターンもあるのだ。

「模試の結果が芳しくない」「偏差値が上がらない」というだけで、悩んだり、強くハッパをかけたり、また焦ったりする必要はまったくないのだ。

当然のことながら、筆者が授業をしている大学や短期大学の学生、あるいは受験指導をしている子どもは、個々に得意な領域や優れた部分を持っているものだ。

大学や短期大学の学生と話をすれば、ほぼ全員が「自分は○○が得意」、「△△は苦手」と自己分析ができている。これは、総合型選抜入試の指導をしている高校生たちも同じだ。

自省を込めて言えば、子どもに近い保護者のほうが、「こうあってほしい」という願いが目を曇らせるのか、保護者が描く理想形にはめたがったりするものである。

こうして考えてみると、保護者の役割は、保護者自身がそれぞれの夢や目標を叶えるために毎日を生き、その姿を見せること、習い事などで多忙な子どもと時間を作って共感できる体験を積むこと程度しかない気がする。

そして、子どもに干渉しすぎることなく距離を置いて見守ることに尽きる。

「マラソンで言えば保護者はペースメーカー。いずれは離れる。ただ、あなたがゴールにたどり着くまで、どんなことでも応援するから、その都度、言ってね」

このくらいの距離感が、子どもにとってはベストだと感じるのである。

本音のコラム（6）「『学歴不問』というウソ」

企業や団体の採用活動で「学歴不問」を打ち出したり、ES＝エントリーシートに大学名を書く欄を設けなかったりするところが増えている。ただ、実際には、面接で大学名を聞いたり、偏差値で中堅以下の大学の学生に、インターンシップや入社説明会の案内をしない企業や団体もあり、筆者は「学歴不問」などという言葉は絵空事、あくまでも建前だと感じている。

何も国立大学でなくとも、国が実施する「高等学校等就学支援金制度」や東京都や大阪府が先鞭をつけた高校無償化により、高校授業料の家計負担が軽減される家庭であれば、子どもが望むなら、早慶やＭＡＲＣＨ、関関同立クラスを、一般入試、あるいは学校推薦型入試か総合型選抜入試で狙わせてほしい。

マスメディアや大学教育の場で「就活のリアル」を目の当たりにしてきた立場からすれば、基礎学力が乏しいと判断された大学の学生は採用されにくい。ある程度の大学に合格することは、子どもがどのような分野にも受け入れてもらえるチケットのようなものだ。ただ、ＡＩが浸透する時代、新しいスキルを習得する「学習歴」も重要で、大学合格＝ゴール、ではないことは忘れないでおきたい。

おわりに

東京近郊や地方に講演に行くと、必ず寄せられるのが、

「二〇二五年度以降の大学入試に対応するには、家庭でどうすればいいのでしょうか？」

といった保護者からの切実な問いである。

本書は、こうした質問を参考に、高校や大学受験予備校とは違った角度から、今後の入試で求められるであろう新たな学力と、その身につけさせ方について、筆者の思いも込めてまとめたものだ。

筆者は、大学や短期大学で教壇に立つとき、必ず話していることがある。

「日本社会は、君たちが生きている間に大きく変わる。今から約五〇年後には、日本からカナダ一国分に相当する四〇〇〇万人あまりの人口が消える。少子化がさらに進み人口が減れば、成長社会どころか衰退社会になって、他国からの労働者や他国への資本移動に頼らざるを得なくなる。加えてＡＩの進化と浸透だ。人が考え出したＡＩによって人の仕事

が奪われていく。この人口減少社会とAIの浸透は、君たちの今後の人生に、これまでにないような影響を与えるのは間違いない」

「私立大学の初年次納入金額を、一年生で取る授業のコマ数で割ると、一コマ＝四〇〇〇円前後になる。映画ならペアで見ることができ、牛丼なら『並』が八杯も食べられる金額。先生はそれに見合う授業をするから、頑張ってついてきてね」

といった内容なのだが、保護者でも何でもない筆者が、それなりの危機感を持って授業をしているくらいなので、保護者の皆さんは、激変する近未来を考え、それに対応する入試の変化にも着目しながら、子どもの監督者ではなく応援団であってほしいと思っている。

大学入試も、他の試験と同様、合格もあれば不合格のケースもある。努力をしても第一志望に合格するとは限らないのが厳しいところだが、どういう結果であっても、家族で振り返り、子どもを成長させるうえで「いい入試だったね」と思えるようなプロセスにしていただけたら、と心から願っている。

最後に、執筆の機会を与えていただいた平凡社の平井瑛子さんと、取材に協力いただいた学校関係者に心から感謝し、結びとしたい。

＊本書で引用した文献や資料の出典は本編の中に明記した。

【著者】
清水克彦（しみず かつひこ）
愛媛県今治市生まれ。政治・教育ジャーナリスト。京都大学大学院法学研究科博士後期課程単位取得満期退学。文化放送入社後、政治記者、米国留学を経てキャスター、報道ワイド番組チーフプロデューサーなどを歴任。大妻女子大学や東京経営短期大学などで非常勤講師、総合型選抜入試専門予備校で講師を務める。『頭のいい子が育つパパの習慣』（PHP文庫）、『中学受験——合格するパパの技術』（朝日新書）、『子どもの才能を伸ばすママとパパの習慣』（講談社）、『2020年からの大学入試「これからの学力」は親にしか伸ばせない』（青春出版社）、『台湾有事——米中衝突というリスク』（平凡社新書）ほか著書多数。
公式ホームページ　http://k-shimizu.com/

平凡社新書1053

2025年大学入試大改革
求められる「学力」をどう身につけるか

発行日——2024年3月15日　初版第1刷

著者——清水克彦
発行者——下中順平
発行所——株式会社平凡社
〒101-0051 東京都千代田区神田神保町3-29
電話（03）3230-6573［営業］
ホームページ https://www.heibonsha.co.jp/
印刷・製本—株式会社東京印書館
装幀——菊地信義

ISBN978-4-582-86053-5